ドイツ語 A1/A2 単語集

三ッ木 道夫 ｜ 中野 英莉子 著

白水社

本文イラスト協力　合同会社オトナキ、Dương Minh Đức（ズォン・ミン・ドゥック）
装丁・本文デザイン　株式会社エディポック＋株式会社 ELENA Lab.
本文レイアウト・DTP　株式会社エディポック

まえがき

　この『ドイツ語A1／A2単語集』には、ヨーロッパ規格の語学能力基準（CEFR < Common European Framework of Reference for Languages）に従い、A1／A2レベルに必要とされる単語を収録してあります。

　初めに必須実用語彙があり、その後にアルファベット順でA1／A2レベルの単語が文例とともに掲載されています。収録した単語には日本語訳を、文例には大意を添えてあります。必要単語のリストというだけでなく、分離・非分離動詞の前綴りや造語のための後綴りの意味やその代表例となる語、また反意語なども収録し、利用者の語彙力増強に資することができるようにしてあります。動詞には現在人称変化、過去基本形、現在完了形の変化形を簡略に記載し、さら巻末には前置詞の理解を容易にするイラストも数点掲載してあります。

　必要語彙はGoethe Institutなどによって、従来よりインターネット（A1語彙 https://www.goethe.de/pro/relaunch/prf/de/A1_SD1_Wortliste_02.pdf、A2語彙 https://www.goethe.de/pro/relaunch/prf/ja/Goethe-Zertifikat_A2_Wortliste.pdf）上に公開されていますが、これをもとに本書では日本の学習者向けにレベル別に再分類、語彙の追加などを試みています。そのため上級とされる単語が混じることがありますが、その場合は［A2］［B1］などの但し書きが添えてありますので、その部分を飛ばして学ぶことも、逆に類語を先回りして身に着けることもできます。公開されているドイツ語文例の文意はできる限り尊重しました。

　前置詞を可視化する試みに関しては、Bettina Gildenhardさん、合同会社オトナキの水嶋健さんにご協力いただきました。感謝します。

2023年1月

　　　　　　　　　　　　　　　　　　　　　　　　　　　　著　者

◇参照した文献

・Hentschel, E. / Weydt, H.（1990）: Handbuch der deutschen Grammatik.（ヘンチェル, E. / ヴァイト, H.『ハンドブック　現代ドイツ文法の解説』（1995）（西本美彦・高田博行・河崎靖訳）同学社）

・中島悠爾・平尾浩三・朝倉巧（2003）『必携ドイツ文法総まとめ［改訂版]』白水社

・清野智昭（2010）『しくみが身につく中級ドイツ語作文』白水社

・鷺巣由美子（2019）『これならわかる　ドイツ語文法』［第2版］NHK出版

・Zifonun, G. / Hoffmann, L. / Strecker, B. / Ballweg, J. / Brauße, U. / Breindl, E.（1997）: Grammatik der deutschen Sprache. Berlin/New York: de Gruyter.

INHALT

「ドイツ語A1／A2単語集」目次

レベルA1

● 基数

1	**eins**	アインス
2	**zwei**	ツヴァイ
3	**drei**	ドライ
4	**vier**	フィーア
5	**fünf**	フュンフ
6	**sechs**	ゼクス
7	**sieben**	ズィーベン
8	**acht**	アハト
9	**neun**	ノイン
10	**zehn**	ツェーン
11	**elf**	エルフ
12	**zwölf**	ツヴェルフ
13	**dreizehn**	ドライツェーン
14	**vierzehn**	フィアツェーン
15	**fünfzehn**	フュンフツェーン
16	**sechzehn**	ゼヒツェーン
17	**siebzehn**	ズィープツェーン
18	**achtzehn**	アハツェーン
19	**neunzehn**	ノインツェーン
20	**zwanzig**	ツヴァンツィヒ
21	**einundzwanzig**	アインウントツヴァンツィヒ
30	**dreißig**	ドライスィッヒ
40	**vierzig**	フィアツィヒ
50	**fünfzig**	フュンフツィヒ
60	**sechzig**	ゼヒツィヒ
70	**siebzig**	ズィープツィヒ
80	**achtzig**	アハツィヒ
90	**neunzig**	ノインツィヒ
100	**(ein)hundert**	（アイン）フンデルト
101	**hunderteins**	フンデルトアインス
200	**zweihundert**	ツヴァイフンデルト

1000	(ein)tausend	（アイン）タオゼント
1.000.000	eine Million, -en	アイネ　ミリオーン
1.000.000.000	eine Milliarde, -en	アイネ　ミリアルデ

● 順序数表現

der/die/das	erste ~	1番目の～	
	zweite ~	2番目の～	
	dritte ~	3番目の～	
	vierte ~	4番目の～	
	fünfte ~	5番目の～	
	einundzwanzigste ~	21番目の～	※以下同様

● その他の数表現

1/2	ein halb ... （形容詞）	二分の一
1/3	ein Drittel	三分の一
1/4	ein Viertel	四分の一
3/4	drei Viertel	四分の三（分子は基数）
1999（年号）	neunzehnhundertneunundneunzig	1999年
2023（年号）	zweitausenddreiundzwanzig	2023年

Heute ist der 5. Juni.
= Heute ist der fünfte Juni/der fünfte Sechste.　今日は6月5日です。

Tokio（Tokyo）, 12. Juli 2018
= Tokio, zwölfter Siebter zweitausendachtzehn　2018年7月12日、東京にて

● 時間に関する表現　※オフィシャルな表現（24時間表示）

0.03 Uhr	null Uhr drei	0 時3分
7.15 Uhr	sieben Uhr fünfzehn	7 時15分
13.17 Uhr	dreizehn Uhr siebzehn	13 時17分
24.00 Uhr	vierundzwanzig Uhr	24 時

● 日常の表現（12時間表示）

1：00	ein Uhr	1時
0：55/1：05	fünf Minuten vor/nach eins (ein Uhr)	1時5分前/過ぎ
1：45/2：15	Viertel vor/nach zwei (zwei Uhr)	2時15分前/過ぎ
2：30	halb drei	2時半

● その他の時間表現

die Sekunde, -n	秒	die Minute, -n	分
die Stunde, -n	時間	der Tag, -e	日
die Woche, -e	週	der Monat, -e	月
das Jahr, -e	年	der Wochentag, -e	曜日、平日
der Sonntag	日曜日	der Montag	月曜日
der Dienstag	火曜日	der Mittwoch	水曜日
der Donnerstag	木曜日	der Freitag	金曜日
der Samstag/Sonnabend	土曜日		
das Wochenende	週末	am Wochenende	週末に
der Tag	昼間	der Morgen	朝
der Vormittag, -e	午前	der Mittag	正午
der Nachmittag, -e	午後	der Abend, -e	夕刻
die Nacht, ⸚e	夜		
der Januar	1月	der Februar	2月
der März	3月	der April	4月
der Mai	5月	der Juni	6月
der Juli	7月	der August ※アクセントは第2音節	8月
der September	9月	der Oktober	10月
der November	11月	der Dezember	12月
der Frühling/ das Frühjahr	春	der Sommer	夏
der Herbst	秋	der Winter	冬

● 通貨と度量衡など

1 Euro	ein Euro	1ユーロ(補助通貨では100 Cent)
2.3Euro	zwei Euro dreißig	2ユーロ30セント
1 m	ein Meter	メートル
1 cm	ein Zentimeter	センチメートル
1,15 m	ein Meter fünfzehn	1メートル15センチ
200 km	zweihundert Kilometer	200キロメートル
1 m²	ein Quadratmeter	1平方メートル
− 1°	ein Grad unter Null/minus ein Grad	マイナス1度
+ 4°	vier Grad über Null/plus vier Grad	プラス4度

1 %	ein Prozent	1 パーセント
1 ℓ	ein Liter	1 リットル
1 g	ein Gramm	1 グラム
500 g	ein Pfund	1 ポンド（500 グラム）
1 kg	ein Kilo(gramm)	1 キロ

● 国名その他

Deutschland	ドイツ
der/die Deutsche, -n	[定冠詞付き]（あの、この、その）ドイツ人男性／女性
ein Deutscher, eine Deutsche, Deutsche	[不定冠詞付きおよび無冠詞複数] 1人のドイツ人男性・女性、ドイツ人
deutsch	[大文字で始めると言語名] ドイツの、ドイツ国籍の／ドイツ語
auf Deutsch	ドイツ語で
Europa	ヨーロッパ
Europäer	ヨーロッパ人
europäisch	ヨーロッパの

● 国名その他（例：日本）

Japan	日本
der Japaner/die Japanerin	日本人男性／日本人女性
Japanisch	日本語
japanisch	日本の、日本国籍の

● 色（形容詞）

schwarz	黒色の	grau	灰色の
blau	青色の	grün	緑色の
weiß	白色の	rot	赤色の
gelb	黄色の	braun	茶色の

● 方角

der Norden	北	der Süden	南
im Norden	北部で	im Süden	南部で
der Osten	東	der Westen	西
im Osten	東部で	im Westen	西部で

9

● 交通機関

die U-Bahn	[略語だがこのまま読む]	地下鉄
die S-Bahn	[略語だがこのまま読む]	都市鉄道
die Straßenbahn	路面電車	
der Bus	バス	

レベルA2

● 略語　　　もとの形

ca.	circa	およそ…、約…
d.h.	das heißt	すなわち
ICE	(der) Intercity-Expresszug	都市間連絡特急列車
Lkw, -s	(der) Lastkraftwagen	トラック
PC, -s	(der) Personalcomputer	パソコン
SMS	(der) SMS < Short Message Service	伝言サービス、SMS
usw.	und so weiter	などなど
WC, -s	(das) WC=Wasserklosett (water closet)	(水洗)トイレ
z. B.	zum Beispiel	例えば

● 名詞の男性形と女性形

Angestellter, -e / **Angestellte**, - anstellen「4格を雇用する」から。	der /die	会社員、従業員
Arzt, ¨e / **Ärztin**, -nen	der/die	医師／女医
Auszubildender, -e / **Auszubildende**, - ausbliden「4格を専門的に教育する」から。[略語]Azubi	der/die	職能教育の訓練生、見習い
Autor, -en; **Autorin**, -nen	der/die	作家・女流作家
Babysitter, -	der/die	ベビーシッター
Bäcker, - / **Bäckerin**, -nen	der/die	パン屋、パン職人
Doktor, -en / **Doktorin**, -nen	der/die	博士、医師
Fahrer, - / **Fahrerin**, -nen	der/die	運転手
Friseur, -e / **Friseurin**, -nen	der/die	理髪・調髪師
Handwerker, - / **Handwerkerin**, -nen	der/die	職人、手工業者
Hausmann, ¨er / **Hausfrau**, -en	der/die	主夫／主婦
Journalist, -en / **Journalistin**, -nen	der/die	ジャーナリスト
Kaufmann, Kaufleute / **Kauffrau**, -en	der/die	商人

Kellner, - / Kellnerin, -nen	der/die	ウエイター／ウエイトレス
Koch, ¨e / Köchin, -nen	der/die	コック／女性のコック
Krankenpfleger, - / Krankenpflegerin, -nen	der/die	看護師
Künstler, - / Künstlerin, -nen	der/die	芸術家、アーティスト
Lehrer, - / Lehrerin, -nen	der/die	教師、教員
Mechaniker, - / Mechanikerin, -nen	der/die	機械工、修理工
das Model, -s / das Modell, -le		（ファッション）モデル
Musiker, - / Musikerin, -nen	der/die	音楽家
Polizist, -en / Polizistin, -nen	der/die	警察官
Rentner, - / Rentnerin, -nen	der/die	年金生活者
Sänger, - / Sängerin, -nen	der/die	歌手
Schauspieler, - / Schauspielerin, -nen	der/die	俳優／女優
Techniker, - / Technikerin, -nen	der/die	技術者、技師
Verkäufer, - / Verkäuferin, -nen	der/die	店員、販売員

●家族

der Bruder, ¨	兄、弟	der Cousin, -s	従兄弟
die Cousine, -n	従姉妹	Eltern（複数） der Elternteil	両親 親、両親の一方
der Enkel, -	男の孫	die Enkelin, -nen	女の孫
Geschwister（複数）	きょうだい、兄弟姉妹	Großeltern（複数）	祖父母
die Großmutter, ¨ (Oma)	祖母	der Großvater, ¨ (Opa)	祖父
das Kind, -er	子	die Mutter, ¨ (Mama)	母
der Onkel, -	伯父、叔父	die Schwester, -n	姉、妹
der Sohn, ¨e	息子	die Tante, -n	伯母、叔母
die Tochter, ¨	娘	der Vater, ¨ (Papa)	父
der / die Verwandte, -n	親戚		

●配偶者の有無

ledig	未婚の	verheiratet	結婚している
getrennt / geschieden	離婚した		

● 色（格語尾をつけない形容詞）

beige	淡褐色の、ベージュの	lila	ライラック（薄紫）色の
orange	オレンジ色の	rosa	バラ色の、ピンクの

● 国名その他

(das) Österreich　オーストリア

  der Österreicher, - / die Österreicherin, -nen　　オーストリア人

  österreichisch　オーストリアの、オーストリア国籍の

die Schweiz　スイス

  der Schweizer, - / die Schweizerin, -nen　　スイス人

  schweizerisch　スイスの、スイス国籍の

(das) Luxemburg　ルクセンブルク

  der Luxemburger, - / die Luxemburgerin, -nen　　ルクセンブルク人

  luxemburgisch　ルクセンブルクの、ルクセンブルク国籍の

● 通貨と度量衡など

1 Franke = 100 Rappen（補助通貨）　1 スイス・フラン＝100 ラッペン

10℃　　10 Grad Celsius　摂氏10度

● 学校制度と科目名

das Abitur（単数）	高校卒業（大学入学）資格試験
der Direktor, -en / die Direktorin, -nen	校長
die Hausaufgabe, -n	宿題、課題
die Klasse, -n	学級、クラス、教室
die Klassenfahrt, -en	クラス旅行、学年旅行
die Sekretariat, -e	事務室
der Stundenplan, ̈e	時間割

（以下、科目名としては無冠詞で使う）

die Biologie	生物	die Chemie	化学
die Mathematik	数学	die Physik	物理
das Deutsch	ドイツ語	das Englisch	英語
das Französisch	フランス語	das Latein	ラテン語
die Geschichte	歴史	die Geografie	地理
die Kunst（erziehung）	芸術科目、美術	die Musik	音楽
die Religion	宗教	der Sport	体育
die Sozialkunde	社会科		

●**時間に関する表現**

der Karneval　謝肉祭(die Fastnacht, der Fasching とも)

(das) Ostern　復活祭、イースター
　通常は無冠詞(成句では複数扱い)　**成句** zu(an) Ostern

(das) Weihnachten　クリスマス
　通常は無冠詞(成句では複数扱い)　**成句** zu(an) Weihnachten

(das) Neujahr　(形容詞を伴わない時は無冠詞) 元日

der / das Silvester	大晦日	**die Mitternacht**	真夜中
täglich	毎日	**tagsüber**	一日中
morgens / am Morgen	朝方にはいつも／朝方に		
vormittags / am Vormittag	午前中にはいつも／午前中に		
mittags / am Mittag	正午にはいつも／正午に		
nachmittags / am Nachmittag	午後にはいつも／午後に		
abends / am Abend	夕方にはいつも／夕方に		
nachts / in der Nacht	夜にはいつも／夜に		
um Mitternacht	真夜中に		
montags / am Montag	月曜にはいつも／月曜に		
dienstags / am Dienstag	火曜にはいつも／火曜に		
mittwochs / am Mittwoch	水曜にはいつも／水曜に		
donnerstags / am Donnerstag	木曜にはいつも／木曜に		
freitags / am Freitag	金曜にはいつも／金曜に		
samstags / am Samstag	土曜にはいつも／土曜に		
sonntags / am Sonntag	日曜にはいつも／日曜に		

●**順序数の表現(順序数＋ens)**

1.	**erstens**	第1に	2.	**zweitens**	第2に
3.	**drittens**	第3に	4.	**viertens**	第4に

●**度数・倍数表現(基数＋mal)**

einmal	1回、1倍	**zweimal**	2回、2倍
dreimal	3回、3倍	**viermal**	4回、4倍

● 動詞については＜不定形＞および直説法＜３人称単数現在形＞＜過去基本形＞＜３人称単数現在完了形＞の順に記載されている。

● 文例の — の区切りは、それが対話文であることを示している。

● 名詞については、それぞれ定冠詞を付けて単数形、複数形の順に記載。女性形のある場合には「／」で区切ってある。

● (⇔) は反意語を、[A2]、[B1] は A2、B1 レベルの語彙・用法があることを示す。

【 A 】　レベルA1

ab　…以降

Ab morgen musst du arbeiten.　明日から働かないといけないね。

aber　しかし

Er ist oft im Büro, aber nur für wenige Stunden.
彼はよく事務所に来てますが、ほんの短い時間です。

Ich habe nur eine kleine Wohnung, bin aber damit zufrieden.
私の住まいは小さいのですが、満足しています。

abfahren, fährt ab, fuhr ab, ist abgefahren　出発する

Wir fahren um 10 Uhr ab.　10時に出発です。

die Abfahrt, -en　出発、発車（⇔ die Ankunft）

Vor der Abfahrt rufe ich dich an.　出発する前に君に電話するよ。

abgeben, gibt ab, gab ab, hat abgegeben　手渡す、引き渡す

Ich muss meinen Brief auf der Post abgeben.　手紙を郵便局に出さなければならない。

abholen, holt ab, holte ab, hat abgeholt　（４格を an ３格／von ３格に）迎えに行く

Ich hole meinen Bruder vom Bahnhof ab.　兄を駅に迎えに行きます。

der Absender, - / **die Absenderin**, -nen　差出人

Da sind zwei Briefe für dich ohne Absender.
差出人不明の手紙が２通、君宛にきてるよ。

Achtung! 注意！　気を付けて！

Achtung! Das darfst du nicht tun.　おっと、そんなことしてはダメでしょ。

die Adresse, –n　住所

Können Sie mir ihre Adresse sagen?　彼女の住所、私に教えてもらえませんか？

all-　①（alleで）全員

Sind alle da? — Nein, Rika fehlt noch.　みんな、いるかな？　―いえ、リカがまだです。

all-　②（alle ＋複数で）すべての…

Alle Freunde sind gekommen.　友達はみんな来た。

all-　③（allesで）すべての物、全部

Habt ihr alles?　全部、持ったかな？

all-　④（alles Guteで）お別れの挨拶

Alles Gute! Bis bald!　じゃあ、またね。

allein　ひとりきりで

Anne kommt allein.　アンネはひとりで来ます。

also　①（説明が長くなることを予示して）それはつまり

Also, es (die Sache) ist so：...　つまり、こういうことなんです。すなわち…

also　②それゆえ、だから

Sie hat Zeit, also muss sie uns helfen.
彼女には暇がある、だから手伝いをしてもらわないと困るんだ。

alt　①…歳の

Wie alt bist du? — Ich bin neun Jahre alt.　何歳かな？　―9歳です。

alt　②古い（⇔ neu）

Mein Wagen ist schon sehr alt.　僕の車はもうとても古いんだ。
Ihr Freund wohnt in einem sehr alten Haus.　彼女のボーイフレンドはとても古い家に住んでいる。

alt ③歳をとった（⇔ jung）

Seine Eltern sehen aber nicht so alt aus.　彼の両親はそんなご高齢とは見えない。

das Alter　年齢

Alter: 51 Jahre.　年齢：51歳

an（3・4格支配の前置詞）　①（am Anfang で）最初は

Am Anfang war das Wort.　初めに言葉ありき。(新約聖書、ヨハネ伝)

an（3・4格支配の前置詞）　②［日時］（3格名詞と）…に

Am nächsten Dienstag geht es leider nicht.
来週火曜日は都合が悪いんです。

an（3・4格支配の前置詞）　③［場所］（3格名詞と）…で

Morgen treffen wir uns am Bahnhof.　明日、駅で待ち合わせします。
Fahren Sie bitte an der nächsten Straße nach links.　次の通りで左に行ってください。

an sein　（電灯などの明かりが）ついている

Letzte Nacht war das Licht an.　昨夜は灯りがついていた。

anbieten, bietet an, bot an, hat angeboten　提供する

Darf ich dir etwas zum Trinken anbieten?
何か飲み物を出してあげようか？

das Angebot, -e　提供、売り出し、(im Angebot で)特売中、セール中

Heute sind Bananen im Angebot.　今日はバナナが特売だ。

anfangen, fängt an, fing an, hat angefangen　始まる

Der Deutschunterricht fängt gleich an.　ドイツ語の授業はもうすぐ始まる。
Hier fängt die Leopoldstraße an.　ここからレオポルト通りが始まります。

der Anfang, ¨e　①開始、始まり

Meine Eltern wohnen am Anfang der Straße.
僕の両親は通りがはじまるあたりに住んでいます。

der Anfang　②始めの部分、最初のあたり

Wie war der Film? ― Ich habe leider nur den Anfang gesehen.
あの映画どうだった？　ー残念だけど最初の方しか観てないんだ。

Anfang （＋月の名で）　…月のはじめ

Wir machen Anfang August Urlaub.　８月初めに私たちは休暇をとります。

am Anfang　初めに（⇔ Am Ende）

Am Anfang hat der Junge bei der Arbeit viele Fragen gestellt.
その少年は仕事をしても最初のうちは訊いてばかりだった。

anklicken, klickt an, klickte an, hat angeklickt　（4格を）クリックする

Da müssen Sie dieses Wort anklicken.　この語をクリックしないといけません。

ankommen, kommt an, kam an, ist angekommen　到着する

Wann kommt dieser Zug in Zürich an?　この列車がチューリヒに着くのは何時ですか？

die Ankunft　到着（⇔ die Abfahrt）

Auf dem Fahrplan steht nur die Ankunft(-szeit) der Züge.
時刻表には列車の到着時刻しかのってない。

ankreuzen, kreuzt an, kreuzte an, hat angekreuzt　×印をつける、チェックを入れる

Auf diesem Formular musst du an mehreren Stellen etwas ankreuzen.
この用紙では何か所か、×印を付ける個所がある。

anmachen, macht an, machte an, hat angemacht　（4格の）電源をいれる

Machen Sie bitte das Licht an.　灯りをつけてもらえませんか。

sich⁴ anmelden, meldet an, meldete an, hat angemeldet　申し込む

Entschuldigen Sie! Wo kann ich mich anmelden?　すみませんが、申し込みはどこでできるでしょうか？

die Anmeldung, -en　①届出、申し込み

Eine Anmeldung für diesen Deutschkurs ist nicht mehr möglich.
このドイツ語コースにはもう申し込めません。

die Anmeldung, -en ②届出、申し込みの受付、窓口

Die Anmeldung ist im Erdgeschoss, Zimmer 15-A.
申し込み窓口は1階の15－A室です。

die Anrede, -n 呼称、呼びかけの言葉（「前略」や「拝啓」に相当）

Sie müssen auch eine Anrede und einen Gruß schreiben.
呼びかけと結びの言葉を書かねばなりません。

anrufen, ruft an, rief an, hat angerufen ①（4格に）電話をかける

Kann man Sie heute Nachmittag anrufen?
今日の午後に電話を差し上げていいでしょうか？

anrufen, ruft an, rief an, hat angerufen ②（4格と）電話で話す

Hendrik ruft kurz seine Freundin an.
ヘンドリクはちょっとだけガール・フレンドと電話で話す。

der Anruf, -e 電話をかけること、かかってきた電話

Julia bekommt viele Anrufe auf ihrem Handy.
ユーリアの携帯にはたくさんの着信がある。

der Anschluss, ¨e 乗り継ぎ

In Shin-Osaka haben Sie Anschluss nach Tokyo.
新大阪で東京へ乗り継ぎできます。

antworten, antwortet, antwortete, hat geantwortet
答える、応える、（auf 4格に）返事する

Sein Vater antwortet nicht. 彼の父は返事をしない。

die Antwort, -en 答え、返事

Julia gibt leider keine Antwort. 残念ながらユーリアは返事をしません。

die Anzeige, -n 広告、(結婚)通知

Ich habe Ihre Anzeige in der Zeitung gelesen.
新聞であなたの通知を読みましたよ。

anziehen, zieht an, zog an, hat angezogen
（４格に）服を着せる、（sich⁴ anziehen で）服を着る

Sie müssen sich noch anziehen.　あなた、もっと着こまないといけませんよ。

das Apartment, -s　アパート、マンション内の住居

Wir haben ein Apartment in Lübeck gemietet.
僕らはリューベックでアパートを借りていた。

der Apfel, ⸚　リンゴ

Ein Kilo Äpfel bitte.　リンゴ１キロください。

der Appetit　食欲

Guten Appetit!　どうぞ召し上がれ（いただきます）。

arbeiten, arbeitet, arbeitete, hat gearbeitet　働く

Wo arbeitet Ihre Mutter?
お母さんはどこで働いているのですか？

Anzu arbeitet als Krankenpflegerin in Sydney.
アンズはシドニーで看護師として働いています。

die Arbeit, -en　仕事

Meine Tochter sucht Arbeit.　私の娘は求職中です。
Wie gefällt dir deine neue Arbeit?　新しい仕事はどうだい？

arbeitslos　失業している、仕事のない

Es gibt viele Leute in der Stadt. Sie sind aber schon lange arbeitslos.
街には多くの人がいるのですが、彼らはもう長いこと無職なんです。

der Arbeitsplatz, ⸚e　仕事場、勤め口、職

An unserem Arbeitsplatz fehlt ein Drucker.
うちの職場にはプリンタがないんです。

der Arm, -e　腕

Der Arm tut mir weh.　私は腕が痛い。

der Arzt, ¨e / die Ärztin, -nen　医者／女医

Morgen habe ich einen Termin bei meinem Arzt.　明日は医者の予約がある。
Paula muss heute zum Arzt.　パウラは今日、医者に行かないといけない。

auch　…もまた

Ich bin auch Engländerin.　私もイギリス人です。
Mira muss auch am Wochenende arbeiten.　ミラは週末も仕事をしないといけない。
Ich muss jetzt gehen. — Ich auch.　もう行かないと。— 僕もです。

auf（3・4格支配の前置詞）　①（auf 3格で）…の上で

Die Kinder spielen Ball auf der Straße.
子供らが路上でボール遊びをしてます。

auf（3・4格支配の前置詞）　②（比喩的に）…の上で

Auf dem Foto ist auch mein Bruder.　写真には兄も写っています。

auf（3・4格支配の前置詞）　③（Auf Wiedersehen などで別れの挨拶）さようなら

Auf Wiedersehen/Wiederschauen.　さようなら。また会いましょう。

auf（3・4格支配の前置詞）　④（auf 4格の言語名で）…語で

Wie heißt das auf Englisch?　それは英語で何と言いますか？

die Aufgabe, -n　課題、任務、（Hausaufgabe で）宿題

Das ist eine leichte Aufgabe.　これは簡単な課題だ。

aufhören, hört auf, hörte auf, hat aufgehört　終わる、止む

Der Deutschkurs A1 hört in einer Woche auf.
ドイツ語コースA1は一週間後に修了です。

aufstehen, steht auf, stand auf, ist aufgestanden　①起きる、起床する

Seine Mutter steht immer um 5 Uhr auf.　彼の母はいつも5時起きです。

aufstehen, steht auf, stand auf, ist aufgestanden　②立ち上がる

Soll ich aufstehen?　立ち上がった方がいいですか？

der Aufzug, -̈ e　エレベーター

In diesem Haus gibt es nur einen Aufzug.　この建物にはエレベーターが一基しかない。

das Auge, -n　①目（複数で、両方の目）

Seine blaue Augen sind sehr schön.　彼の青い目はとても綺麗だ。

das Auge, -n　②目（単数で、片方の目）

Mein linkes Auge tut seit Sonntag weh.　日曜から左目が痛むんです。

aus（3格支配の前置詞）　①（空間）…の中から外へ

Frau Schweigestill geht immer um 7 Uhr aus dem Haus.
シュヴァイゲシュティルさんはいつも7時に家から出てくる。

aus（3格支配の前置詞）　②（出身・出所）…出身の

Er kommt aus Österreich, aus Salzburg.　彼はオーストリア、ザルツブルクの出身です。

der Ausflug, -̈ e　ハイキング、遠足、小旅行

Nächste Woche machen die Kinder einen Ausflug an die Ostsee.
来週、この子たちはバルト海までハイキングです。

ausfüllen, füllt aus, füllte aus, hat ausgefüllt　（用紙など4格に）記入する

Füllen Sie bitte sofort dieses Formular aus.　すぐにこの用紙に記入してください。

der Ausgang, -̈ e　出口

Entschuldigung, wo ist der Ausgang?　すみません、出口はどちらでしょうか？

die Auskunft, -̈ e　①情報

Können Sie mir bitte eine Auskunft geben?　ちょっと教えていただけませんでしょうか？

die Auskunft, -̈ e　②案内所、電話番号案内

Darf ich Sie kurz stören? Wo ist die Auskunft?　ちょっとすみません。案内所はどこでしょうか？

das Ausland, -　外国（⇔ Inland）

Fahrt ihr ins Ausland?　君たち、外国へ行くの？

der Ausländer, - / **die Ausländerin**, -nen　外国人

Sind Sie Ausländer？　外国の方ですか？

ausländisch　外国（人）の

Leider hat mein Onkel nur ausländisches Geld.
残念ながら僕のおじさんは外国のお金しか持っていない。

ausmachen, macht aus, machte aus, hat ausgemacht
（明かり・ラジオなどを）消す

Mach das Licht sofort aus! Bitte!　すぐに灯りを消して！　お願いですから！

die Aussage　発言

Ist die Aussage richtig?　この発言は合ってますか？

aussehen, sieht aus, sah aus, hat ausgesehen
（…のように）見える、…の様子をしている

Du siehst gesund aus.　君は健康そうに見える。

aussteigen, steigt aus, stieg aus, ist ausgestiegen　下車する、降車する

Wo müssen wir aussteigen?　どこで下車しないといけないんですか？

der Ausweis, -e　証明書、身分証明書

Darf ich bitte mal Ihren Ausweis sehen? — Ja, hier ist mein Ausweis.
身分証を拝見できますか？　ーはい、ここにあります。

das Auto, -s　自動車（=der Wagen, - ）

Elisabeth kommt mit dem Auto.　エリーザベトは車で来ます。

die Autobahn, -en　①（zur Autobahn で）アウトバーンへ、高速道路へ

Wo geht's hier zur Autobahn?
ここからアウトバーンに乗るにはどう行ったらいいですか？

die Autobahn, -en　②（an der Autobahn で）アウトバーン際に

Mein Dorf liegt direkt an der Autobahn.　僕の村はアウトバーンのすぐ近くなんだ。

die Autobahn, -en　③(auf der Autobahn で)高速道路上を

Darf ich mit dem Motorrad auf der Autobahn fahren?
バイクで高速道路を走っていいんですか？

der Automat, -en　自動販売機

Die Fahrkarten kann man nur am Automaten kaufen.
乗車券は自動券売機でしか買えません。

automatisch　自動式の／自動的に

Sie müssen nichts machen. Das geht automatisch.
何もしなくていいんです。自動です。

レベルA2

ab ...（分離動詞の前綴りなど）　出発、由来、離脱、分離、遮断、獲得、模写、下方などの意味を基本語に加える

abreisen 旅立つ　abstammen 由来する　abwaschen 洗い落す
abschalten スイッチを切る　abkaufen 買い取る　abschreiben 書き写す
abspringen 跳び降りる　など

aber　副（意外さ、話し手の驚きを表現）＜心態詞＞

Das ist aber nett von Ihnen.　これはなんともご親切なことで。

abholen　(bei 人の３格から４格を)ピックアップする

Wann kann ich den Kühlschrank bei dir abholen?
いつ冷蔵庫を君の所に取りに行ったらいいかな？

abschließen　（４格を）完了する、終了する

Meine Cousine schließt dieses Jahr ihr Studium ab.
僕の従姉妹は今年大学を卒業するんだ。

die Ahnung, -en　予感、わずかな知識、(keine Ahnung haben で)まったく知らない

Ich hatte keine Ahnung, dass sie heute Geburtstag hat.
彼女が今日誕生日だなんて、ぜんぜん知らなかった。

aktiv　活動的な

Petra ist sehr aktiv und macht viel Sport.
ペートラはとても活動的でスポーツをよくやっています。

aktuell　今日的な、アクチュアルな

Umweltschutz ist ein aktuelles Thema der Welt.
環境保護は、地球全体の今日的なテーマです。

als　①（比較級とともに）…よりも

Jan ist viel größer als Ken.　ヤンはケンよりずっと背が高い。

als　②…として

Meine Schwester arbeitet als Krankenpflegerin.　姉は看護師として働いています。

die Ampel, -n　①信号

Sie können fahren, die Ampel ist grün.　信号は青です。行っていいんですよ。

die Ampel, -n　②信号機

Nach der Ampel musst du nach rechts fahren.　信号機をすぎたら、右に行かないといけません。

an(3・4格支配の前置詞)　(am--sten で)最も…

Ich esse am liebsten Wiener Schnitzel.　僕はウィーンのシュニッツェルが一番好きなんだ。

ander-（der andere /die andere/die anderen で)　①ほかの人

Die anderen sind schon zur Schule gegangen.
他の子たちはもう学校に行ってしまいましたよ。

ander-（einer nach dem anderen で)　②ひとりずつ

Nicht alle auf einmal, bitte! Einer nach dem anderen.
一度に言わないで！　ひとりずつですよ。

ander-　③別の

Willst du diesen grünen Mantel? — Nein, ich möchte den anderen.
この緑のコートにする？　ーいや、別のがいいんだ。

ändern, ändert, änderte, geändert　①（4格を）変える

Wie kann man sein Passwort ändern?
パスワードというのはどうやったら変えられるものなのかな？

sich⁴ ändern　②変わる

Das Wetter hat sich geändert.
天気が変わった。

das Angebot, –e　提案、提供品、物件

Stellenangebote finden Sie auch im Internet.
求人情報はネットでも見つかりますよ。

die Angst, ⸚e　不安、恐れ

Ich habe Angst vor Katzen.　僕は猫が怖いんです。

an ...（分離動詞の前綴りなど）
対象への接近、働きかけ、結合、開始などの意味を基本語に加える

ankommen 到着する　anreden 語りかける　anbinden 結びつける
angreifen 取り掛かる　など

ansehen, sieht an, sah an, hat angesehen　①（まじまじと）見る

Darf ich deine Urlaubsfotos ansehen?　休暇旅行の写真見せてもらっていい？

sich³ ansehen, sieht an, sah an, hat angesehen　②（4格を）見る

Sehen Sie sich diese Sendung jeden Tag an?
この番組、毎日ご覧になっているのですか？

der Anschluss, ⸚e　（電気・水道・電話などの）接続器具、蛇口など

Es gibt in der Wohnung einen Waschmaschinenanschluss, oder?
住宅には洗濯機用の蛇口はついてますよね？

die Apotheke, –n　薬局

Das Medikament bekommt man nur in der Apotheke.
この薬剤は薬局でしか買えません。

der Apparat, -e 機器、器具

Was machst du mit meinem alten Apparat? 僕の古い機械で何をするんだい？
Mein Vater will sich einen neuen Fotoapparat kaufen.
父は新しい写真機を購入するつもりなんだ。

sich⁴ ärgern, ärgert, ärgerte, hat geärgert ①怒る、いらいらする

Warum ärgerst du dich? — Es ärgert mich, dass das Wetter schlecht ist.
どうしてイライラしているの？ 一天気が良くないことにイライラしているんだよ。

ärgern, ärgert, ärgerte, hat geärgert ②(4格を)怒らせる

Meine Schwester hat mich schon als Kind immer geärgert.
姉は子供のころからいつも私をイライラさせてきたんです。

arm ①貧しい、乏しい、哀れな(⇔ reich)

Sie hat nicht viel Geld, sie ist arm. 彼女はお金があまりない、貧乏なんだ。

arm ②(fettarm で)低脂肪の ＜ fett「脂肪の多い」+ arm

300 g fettarmen Käse, bitte. 低脂肪チーズ、300グラムください。

der Artikel, - ①記事

Gestern habe ich in der Zeitung einen interessanten Artikel gelesen.
昨日新聞で興味深い記事を読んだ。

der Artikel, - ②冠詞

Im Französischen gibt es drei Artikel: le, la und les.
フランス語には定冠詞が3つあります。それは le, la, les です。

auf-（分離動詞の前綴りなど）
上方へ、開放、突発、接触、完遂などの意味を基本語に加える

aufstehen 立ち上がる aufmachen 開ける aufflammen 燃え上がる
aufdrücken 押し付ける aufessen 食べ切る など

auf（3・4格支配の前置詞） ①[方向・公共施設・行事など](4格名詞と)…へ

Am Mittwoch gehen wir auf eine Party. 水曜日はパーティーに行きます。

auf（3・4格支配の前置詞）　②［場所・公共施設・行事など］（3格名詞と）…で

Gestern waren Paul und Eva auf einer Party.
昨日、パウルとエファはパーティー会場にいました。

auf jeden / keinen Fall　どんなことがあっても…する／決して…しない

Mein Sohn möchte auf jeden Fall den neuen Harry Potter Film sehen.
息子はどんなことがあっても新しいハリー・ポッター映画を観たいんです。

auf sein　開いている（オーストリア・スイスでは offen）

Herein, bitte! Die Tür ist auf.　どうぞ入ってください、ドアは開いてますよ。

aufhören　［活用はレベルA1へ］（mit 3格を）やめる

Wann hörst du mit der Arbeit auf?　君はいつこの仕事をやめるの？

aufmachen, macht auf, machte auf, hat aufgemacht　（4格を）開ける

Kannst du bitte das Fenster aufmachen?　窓を開けてくれませんか？

aufpassen, passt auf, passte auf, hat aufgepasst　①注意を払う、気を付ける

Pass auf, das Glas fällt gleich auf den Boden!
気を付けて！　今にもコップが床に落ちそうですよ。

aufpassen, passt auf, passte auf, hat aufgepasst　②（auf 4格を）見張る、見守る

Meine Nichte passt heute Abend auf die Kinder auf.
今夜は私の姪が子供たちを見ていてくれるのです。

aufpassen, passt auf, passte auf, hat aufgepasst　③注意して聞いている

Sein Kind passt im Unterricht nicht auf.　彼の子は授業を注意して聞いていない。

aufräumen, räumt auf, räumte auf, hat aufgeräumt　（4格を）片づける

Anette muss ihr Zimmer allein aufräumen.
アネッテは自分の部屋を一人で片づけないといけない。

aufregend　わくわくさせる、刺激的だ

Dieser Film war besonders aufregend.　この映画はとくに刺激的だった。

aus（3格支配の前置詞）（材料）…でできている

Der Teller ist aus Glas. この皿はガラス製です。

aus sein ①（学校・会議などが）終わっている

Wann ist die Schule aus? 学校の終わりは何時ですか？

aus sein ②（明かり・ラジオなどが）切れている

Wir sehen nichts. Das Licht ist aus.
何にも見えないね。灯りがついていないんだ。

aus ... （分離動詞の前綴りなど）外部への運動、分離や除外、消滅、完遂などの意味を
基本語に加える

ausgehen 外出する　ausschließen 締め出す　aussterben 死滅する
ausschlafen ぐっすり眠る　など

die Ausbildung, -en　職業教育、専門教育（< ausbilden「専門的に教育する」）

Maya möchte eine Ausbildung zur Krankenpflegerin machen.
マーヤは看護師になるための職業教育を受けたいのです。

ausgeben, gibt aus, gab aus, hat ausgegeben　（4格を）支出する

Agathe gibt viel Geld für Schuhe aus. アガーテは靴にお金をかけています。

ausgehen, geht aus, ging aus, ist ausgegangen　①（明かり・火などが）消える

Plötzlich ging das Licht aus. 突然、灯りが消えた。

ausgehen, geht aus, ging aus, ist ausgegangen　②外出する、出かける

Gehen wir am Sonntag zusammen aus? 日曜に一緒に出かけないか？

sich⁴ ausruhen　休んで元気を回復する、取り戻す

Ruhen Sie sich erst mal aus! Sie sind sicher müde.
まずは休んでください。きっとお疲れなんです。

aussehen, sieht aus, sah aus, hat ausgesehen　①（wie ... で）…に似ている

Luise sieht wie ihre Mutter aus. ルイーゼはお母さんに似ているんです。

aussehen　②(genauso wie ... で)…にそっくりである

Er sieht genauso aus wie sein Großvater.　彼はお祖父さんにそっくりだ。

außer(3格支配の前置詞)　…を除いて、…以外

Außer Rosa möchte niemand den Film sehen.
ローザ以外にはだれもその映画を観たいとは思わない。

außer Betrieb　機械などが動作していない(⇔ in Betrieb)

Der Fahrkartenautomat ist außer Betrieb.
券売機は利用できません。

außerdem　そのうえ、さらに

Fünf Schinkenbrötchen, möchten Sie außerdem noch etwas?
ハムサンド5個ですね、他に何かご入用は？

außerhalb　①郊外に

Unsere Wohnung ist nicht in der Stadt, sie liegt etwas außerhalb.
私たちの住いは街なかではなく、少し郊外にあるんです。

außerhalb　②(außerhalb von ... で)…の郊外に

Wir wohnen außerhalb von London.
私たちはロンドン郊外に住んでいます。

aussprechen, spricht aus, sprach aus, hat ausgesprochen　発音する

Wie spricht man das Wort aus?
この単語はどう発音しますか？

die Ausstellung, -en　展覧会、展示会

Gehen wir am Samstag zusammen in die Ausstellung?
土曜にはいっしょに展覧会にいかない？

austragen　[活用はレベルA1へ]配達する

Friedrich trägt jeden Morgen die Zeitung aus.
フリードリヒは毎朝新聞を配達します。

das Baby, -s　赤ちゃん、赤ん坊

Sein Kind ist noch ein Baby.　彼の子供はまだ赤ちゃんだ。

die Bäckerei, -en　パン屋、ベーカリー

Jeden Morgen kaufen wir unser Brot in der Bäckerei am Markt.
うちでは毎朝パンを市場近くのパン屋で買います。

baden, badet, badete, hat gebadet　①入浴する

Mein Kind badet nicht gern. Es duscht lieber.
私の子供はお風呂が嫌いです。シャワーの方が好きなのです。

baden, badet, badete, hat gebadet　②水浴び（水遊び）する

Hier darf man nicht baden.　ここは水遊び禁止です。

das Bad, ‥er　浴室

Sie möchte ein Zimmer mit Bad.
彼女は浴室付きの部屋にしたい。

die Bahn, -en　鉄道

Johannes kommt mit der Bahn.　ヨハンネスは電車で来ます。

der Bahnhof, ‥e　（ターミナル）駅

Ich bringe dich zum Bahnhof.　駅まで送っていくよ。

der Bahnsteig, -e　プラットホーム（ドイツ・オーストリアで。スイスではPerron）

Auf Hauptbahnhöfen gibt es viele Bahnsteige.
中央駅といえばホームがたくさんあるものだ。

bald　近いうちに、すぐに

Wir kommen bald.　すぐに行きます。

die Banane, -n　バナナ

2 Kilogram Bananen, bitte.　バナナ2キロください。

die Bank, ⁻e　ベンチ

Meine Tante sitzt auf der Bank und liest ein Buch.
私のおばはベンチで本を読んでます。

die Bank, -en　銀行

Bei welcher Bank hast du dein Konto?　君の口座は何銀行なの？

bar　現金の、現金で

Zahlen Sie bar, oder?　現金でのお支払いですか、それとも？

der Bauch, ⁻e　腹、おなか

Seit Gestern tut mir der Bauch weh.　昨日からお腹が痛いんです。

der Baum, ⁻e　木、樹木

Mein Vater hat zwei Bäume im Garten.　父の庭には木が2本植わっている。

der Beamte, -n / **die Beamtin**, -nen　公務員、役人

Meine Mutter war Beamtin bei der Polizei.　私の母は警察に勤める役人だった。

bedeuten, bedeutet, bedeutete, hat bedeutet　意味する

Was bedeutet das?　これ、どういう意味ですか？

beginnen, beginnt, begann, hat begonnen　始まる

In drei Wochen beginnen die Sommerferien.　3週間後には夏休みが始まります。

bei（3格支配の前置詞）　①…の近郊に

Baden liegt bei Wien.　バーデンはウィーン近郊にあります。

bei（3格支配の前置詞）　②…のもとに、家に

Jörg wohnt bei seinen Eltern.　イエルクは実家住まいだ。

bei（3格支配の前置詞）　③…の場合に

Bei uns ist das anders als bei ihnen. Wir essen keinen Fisch.
僕の家と彼らのところでは違うよ。うちでは魚は食べないんだ。

bei（3格支配の前置詞）　④…の手元に

Gestern hatte ich kein Geld bei mir.　昨日はお金を持ち合わせてなかった。

bei（3格支配の前置詞）　⑤…の際に

Ich will Sie nicht beim Essen stören.　お食事中に邪魔をするつもりはありません。

beide　①両方の

Beide Eltern haben gearbeitet.　両親とも働いていました。

beide　②ふたりとも

Morgen kommen wir beide.　明日は我々はふたりとも行きます。

das Bein, -e　脚

Mein linkes Bein tut weh.　私は左脚が痛む。

das Beispiel, -e　例、手本

Er hat mir ein gutes Beispiel gegeben.　彼は私に模範を示してくれた。

zum Beispiel（z.B.と略記することも）　たとえば、例をあげれば

Einige meiner Verwandten, z.B.mein Onkel und meine Tante arbeiten auch hier.
私の親戚の何人か、たとえば私のおじとおばもここで働いています。

bekannt　①有名な（⇔ unbekannt）

Chagall ist sehr bekannt.　シャガールはとても有名です。

bekannt　②周知の、よく知られている

Dieses Volkslied war sehr bekannt in Thüringen.
この民謡はテューリンゲンではとても有名だった。

der Bekannte, -n / **die Bekannte**, -n　知人、知り合い（＜形容詞の名詞化）

In Bonn wohnt ein Bekannter von mir.　ボンには私の知り合いが一人住んでいます。

bekommen, bekommt, bekam, hat bekommen　受け取る

Hast du meinen Brief bekommen?　私の手紙受け取った？

benutzen, benutzt, benutzte, hat benutzt　（4格を）利用する、使う

Bitte die Aufzüge nicht benutzen!
エレベーターは使わないでください(ご利用になれません)！

der Beruf, -e　職業

Herr Walther, was sind Sie von Beruf?　ヴァルターさん、お仕事は何ですか？

besetzt　ふさがってい(＜ besetzen「ふさぐ、占領する」)

Ist der Platz besetzt?　この席ふさがってますか？

besichtigen, besichtigt, besichtigte, hat besichtigt　（4格を）見学する、見物する

Morgen besichtigen wir Schloss Heidelberg.
明日はハイデルベルク城の見学です。

besser　(gut の比較級)よりよい

Es geht mir besser.　具合はよくなりました。

best-　(gut の最上級)一番よい、(am besten で)一番よい

Am besten treffen wir uns übermorgen.　明後日に落ち会うのが一番だ。

bestellen, bestellt, bestellte, hat bestellt　注文する

Du hast Pizza bestellt.　君はピザを注文した。

besuchen, besucht, besuchte, hat besucht　訪問する

Besucht uns bitte doch einmal.　一度私たちのところへおいでくださいな。

das Bett, -en　ベッド

Wir brauchen noch ein Bett.　うちにはベッドがもう一つ必要だ。

bezahlen, bezahlt, bezahlte, hat bezahlt　（4格を）支払う

Wo müssen wir bezahlen?　支払いはどこですればいいですか？

das Bier, -e (通例、単数で)　ビール

Er trinkt Bier sehr gern.　彼はビールが大好きです。

das Bild, -er　絵、写真

Ein Bild von seinen Eltern hängt über seinem Schreibtisch.
彼の書き物机の上には、両親の写真が掛かっています。

billig　安い（⇔teuer）

Dieses Buch war ganz billig.　この本はまったく安かった。

die Birne, -n　梨、洋梨

2 Kilo Birnen, bitte!　梨2キロ、ください。

bis（4格支配の前置詞）　①（空間）…まで

Der Bus fährt nur bis zum Hauptbahnhof.
このバスは中央駅までしか行きません。

bis（4格支配の前置詞）　②（時間）…まで

Bis wann kannst du in Freiburg bleiben?　いつまでフライブルクにいられるの？
Tschüss. Bis Morgen!　じゃあ、また明日。

ein bisschen　①少しの間（発音注意：biss + chen）

Kannst du ein bisschen warten?　ちょっと待っていてくれる？

ein bisschen　②少し

Möchten Sie noch ein bisschen Brot?　パン、もう少しいかがですか？
Sprechen Sie Russisch? — Ein bisschen.　ロシア語、話しますか？ ―ほんの少しだけ。

bitten, bittet, bat, hat gebeten　（4格に um 4格／zu不定句を）頼む

Darf ich euch bitten, kurz zuzuhören?　少しの間、君らに聞いてもらっていいかな？

die Bitte, -n　頼み、願い

Ich habe eine Bitte. Kann ich mal dein Handy benutzen?
―つお願いがあるんだけど、君のケータイ使わせてもらえるかな？

bitte　①お願いします

Eine Tasse Kaffee mit Milch, bitte!　ミルク入りコーヒー、一杯お願いします。

bitte ②（Bitte schön で）どういたしまして

Danke sehr! — Bitte schön! 　どうもありがとう。－どういたしまして。

bitte ③（命令文で）どうぞ、どうか

Machen Sie bitte das Fenster zu? 　そこの窓、閉めていただけませんか？

bitter 苦い

Haben Sie Zucker? Der Kaffee ist bitter.
お砂糖、ありますか？　このコーヒー苦くて。

bleiben, bleibt, blieb, ist geblieben 　①とどまる

Wir bleiben heute zu Hause. 　今日は在宅しています。

bleiben, bleibt, blieb, ist geblieben 　②滞在する

Wie lange bleibst du in Wien? 　ウィーンにはどのくらいいられるの？

der Bleistift, –e 　鉛筆

Haben Sie einen Bleistift? 　鉛筆、お持ちではありませんか？

der Blick, –e 　眺め、見晴らし

Von diesem Hotel hat man einen guten Blick auf die Donau.
このホテルからはドナウ河がよく見えます。

die Blume, –n 　花

Sie hat meinem Vater Blumen geschenkt.
彼女は私の父に花束を贈った。

der Bogen, – / ¨ 　用紙、（Antwortbogen で）解答用紙

Schreiben Sie bitte Ihren Nachnamen auf den Antwortbogen.
解答用紙に名前（姓）を書いてください。

böse （auf 4格に）腹を立てる

Ich bin böse auf meinen Freund, er ist wieder nicht gekommen!
私は友人に腹を立てている。彼はまたしてもやって来なかったんだ。

brauchen, braucht, brauchte, hat gebraucht　必要とする

Ich brauche kein Auto.　僕には自動車は必要ないんだ。
Mein Großvater ist krank. Er braucht Ruhe.　祖父は病気だ。安静が必要なんです。

breit　（数量を示す４格名詞とともに）…の幅がある

Der Teppich ist drei Meter lang und einen Meter breit.
絨毯の長さは３メートル、幅は１メートルです。

der Brief, -e　手紙

Meine Freunde schreiben nicht gern Briefe.
僕の友人たちは手紙を書くのが好きではない。

die Briefmarke, -n　郵便切手

Am Schalter 8 und 9 bekommen Sie Briefmarken.
８番窓口と９番窓口で切手を買えます。

bringen, bringt, brachte, hat gebracht　①持ってくる

Bringen Sie mir bitte eine Tasse Tee!
紅茶を一杯、持ってきてください。

bringen, bringt, brachte, hat gebracht　②連れて行く

Ich muss euch nach Hause bringen.　みんなを家に連れて帰らないとね。

das Brot, -e　①パン

Brot kaufe ich immer im Supermarkt.　パンはいつもスーパーで買います。
Was möchten Sie aufs Brot haben?　パンには何をのせて食べますか？

das Brot, -e　②（belegtes Brot で）サンドイッチ、オープンサンド

Möchtest du noch ein paar belegte Brote mitnehmen?
何個かオープンサンドを持っていきたい？

das Brötchen, -　小型の丸いパン
（ドイツで。オーストリアでは Semmel、スイスでは Brötli）

Möchtest du Brötchen zum Mittagessen?　昼ごはんに丸パンほしい？

der Bruder, ̈ 兄、弟

Sein Bruder geht noch zur Schule.　彼の弟はまだ学校に行っている。

das Buch, ̈er 本

Das Buch liegt auf deinem Schreibtisch.　その本なら君の書き物机の上にありますよ。

der Buchstabe, -n 文字

Gibt es diesen Buchstaben auch in Ihrer Sprache？
この文字はあなたの国の言葉にもありますか？

buchstabieren, buchstabiert, buchstabierte, hat buchstabiert
（4格を）綴りで言う

Bitte buchstabieren Sie Ihren Vornamen.
お名前(下の名前)を綴りで言っていただけませんか？

der Bus, -se バス

Fährst du mit dem Bus zur Arbeit?　仕事にはバスで行くの？

die Butter （複数なし）バター

Bitte ein Brötchen mit Butter und Käse für mich.
私にはバターとチーズを挟んだ丸パンひとつください。

レベルA2

der Babysitter, - / die Babysitterin, -nen ベビーシッター

Meine Schwester arbeitet als Babysitter bei einer Familie.
私の姉はある家庭でベビーシッターの仕事をしている。

backen, bäckt / backt, backte, hat gebacken （オーブンなどで）焼く

Wenn ihr kommt, backe ich einen Kuchen.
君らが来るなら、ケーキをひとつ焼きましょう。

bald （bis bald で）じゃあね！ またね！

Auf Wiederschauen, bis bald!　それでは、またね！

der Balkon, –e　バルコニー

Die Wohnung hat einen großen Balkon.　その住宅には広いバルコニーがついている。

der Ball, ¨e　ボール遊び、球技

Dieter spielt gern mit seinen Kindern Ball.
ディーターは自分の子供とボール遊びをするのが好きなんだ。

die Band, –s　バンド

George spielt in einer Band.　ジョージはあるバンドで演奏している。

-bar　動詞の語幹に付けて「…できる」という意味の形容詞を、名詞や形容詞に付けて「…をもった」という意味の形容詞を作る後綴り

tragbar 携帯可能な　brennbar 可燃性の　dankbar 感謝している
fruchtbar 実り豊かな　offenbar 明らかな　など

der Basketball, ¨e　①バスケットボール（競技名）

Ich spiele gern Basketball.　僕はバスケットボールが好きです。

der Basketball, ¨e　②バスケットボールに用いるボール

Catherina hat zum Geburtstag einen neuen Basketball bekommen.
カテリーナは誕生日に新しいバスケットボールをもらった。

basteln, bastelt, bastelte, hat gebastelt　（4格を）組み立てる

Das Kind bastelt allein ein Vogelhaus.　その子は一人で鳥の巣箱を組み立てている。

das Bastelmaterial, –ien　工作材料

Meine zweite Tochter arbeitet gern mit natürlichen Bastelmaterialien.
私の2番目の娘は天然の工作材料で作るのが好きなんです。

bauen, baut, baute, hat gebaut　（4格を）建てる

Meine Nachbarin hat ein Haus gebaut.　私のお隣さんは家を一軒建てた。

die Baustelle, –n　建築（工事）現場

Betreten der Baustelle verboten!　工事現場につき立ち入り禁止！

be– 非分離の前綴り（アクセントなし）　自動詞を他動詞化するほか、自動詞の示す状態の維持、名詞から他動詞を作り「付与、装着」の意味、形容詞から他動詞を作り「結果」を表現する

> bewohnen 4格に住む　beharren（auf）4格を保ち続ける　bekleiden 4格に服を着せる
> befreien 4格を解放する　など

beantworten, beantwortet, beantwortete, hat beantwortet
(4格に)答える、応じる

> Die Lehrerin hat meine Frage leider nicht beantwortet.
> 先生が私の質問に答えてくれなくて残念だった。

sich⁴ bedanken, bedankt, bedankte, hat bedankt　(für 4格に)感謝する

> Wir möchten uns noch einmal für Ihre Hilfe bedanken.
> いま一度ご尽力に感謝申し上げます。

sich⁴ beeilen, beeilt, beeilte, hat beeilt　急ぐ

> Wir müssen uns beeilen. Der Zug fährt bald ab!
> 急がないと！列車はまもなく発車だよ。

beenden, beendet, beendete, hat beendet　(4格を)終える

> Du musst dein Studium auf jeden Fall beenden.
> いずれにせよ、学業は終えないといけません。

begründen, begründet, begründete, hat begründet　(4格を)根拠づける

> Begründen Sie bitte Ihre Meinung.　ご自分の意見の理由を述べてください。

bei– 分離前綴り（アクセントあり）　付加、支援、同席、接近などの意味を基礎動詞に付け加える

> beilegen 添える　beitragen 寄与する　beiwohnen 参列する
> beibringen 覚え込ませる　など

beliebt 人気のある、ポピュラーな

> Dieses Spiel ist bei Kindern sehr beliebt.
> このゲームは子供に大変人気があるんです。

bequem ①楽な、履きやすい

Kinder ziehen gern bequeme Schuhe.　子供って楽な靴が好きなんです。

bequem ②簡単な

Das ist eine bequeme Lösung.　それは手軽な解決法だ。

bequem ③快適な、心地よい

Dieses Sofa finde ich sehr bequem.
このソファ、かなり座り心地がよさそう。

beraten, berät, beriet, hat beraten　（4格にüber 4格について）助言する

Unser Sekretär berät Sie sehr gern, wenn Sie Fragen haben.
何かご質問があれば、支配人が喜んでご相談にのります。

der Berg, -e ①山

Der Berg Fuji ist der höchste Gipfel in Japan.
富士山は日本一高い山です。

der Berg, -e ②（複数で）山地、山岳地方

Ich fahre am Wochenende in die Berge.
週末には山のほうへドライブに行く。

berichten, berichtet, berichtete, hat berichtet　（von 3格／über 4格について）報告する、（4格を）報告する、報道する

Die Abendzeitung hat über den Unfall (von dem Unfall) berichtet.
夕刊紙はこの事故について報じていた。

der Bescheid, -e 知らせ

Kann Lena in München studieren?　— Sie bekommt morgen Bescheid.
レーナはミュンヘン大学で勉強できそう?　—明日、知らせが来るんだ。

Bescheid sagen （3格に）知らせる

Ich frage Frau Meyer und sage dir dann Bescheid.
私がマイヤーさんに聞いてみます、それから君に知らせます。

beschreiben, beschreibt, beschrieb, hat beschrieben　描写、記述する、描く

Können Sie mir den Weg zur Stadthalle beschreiben?
市立ホールに行く道を教えていただけませんか？

sich⁴ beschweren, beschwert, beschwerte, hat beschwert
（über 4 格について）苦情を言う、クレームをつける

Hier ist es zu laut. Wo kann ich mich beschweren?
ここは騒がしすぎます。どこにクレームを申し出たらいいですか？

besonders　①格別に

Hier ist die Brezel besonders gut.　ここのブレーツェルは特にうまいんだ。

besonders　②（nicht besonders で）まあまあだ

Wie geht's dir? — Nicht besonders.
調子はどう？　ーまあまあだよ。

bestätigen, bestätigt, bestätigte, hat bestätigt　証明する、立証する

Ich kann leider nicht bestätigen, dass er hier war.
彼がここにいたことは、残念ですが立証できないのです。

bestehen, besteht, bestand, hat bestanden　①（aus 3 格から）成る

Deutschland besteht aus 16 Bundesländern.
ドイツは16の州で構成されています。

bestehen, besteht, bestand, hat bestanden　②（4 格に）合格する

Meine Freundin hat die Prüfung bestanden!
僕のガールフレンドは試験に合格したんだ！

der Besuch, -e　①来客

Morgen bekommen wir Besuch.　明日はお客さんが来るよ。

der Besuch, -e　②お見舞い

Mein Onkel ist krank. Ich mache einen Besuch im Krankenhaus.
おじさんが病気です。病院にお見舞いに行くよ。

sich⁴ bewerben, bewirbt, bewarb, hat beworben
(um 4格に)志願する、応募する

Er hat sich um diese Stelle beworben.　彼はこのポストに応募した。

bewölkt　曇った、曇りの（< bewölken「雲でおおう」の過去分詞形、die Wolke, -n 雲）

Gestern war es bewölkt.　昨日は曇りだった。

die Bibliothek, -en　図書館

Die Staatsbibliothek schließt für 4 Wochen.
州立図書館は4週間お休みです。

bitte　（Wie bitte? で）何と言われたのですか？（丁寧な聞き返し）

Wie bitte?　えっ、何とおっしゃったんですか？

das Blatt, ⸚er　①葉

Die Bäume haben schon gelbe und rote Blätter.
あの木々はもう赤や黄色の葉をつけています。

das Blatt, ⸚er　②(一定の大きさに裁断した)紙

Hast du ein Blatt Papier für mich?　紙一枚もらえないかな？

blöd/blöde　馬鹿げた、いまいましい

Ich finde es blöd, dass du morgen arbeiten musst.
君が明日仕事に行かないといけないなんて、馬鹿げたことだと思うよ。

der / das Blog　ブログ

Er schreibt einen Blog über Literatur.　彼は文学に関するブログを書いている。

blond　ブロンドの、金髪の

Das Mädchen aus Weißrussland ist blond.　ベラルーシ出身の女の子は金髪だ。
Nancy hat lange blonde Haare.　ナンシーは長い金髪です。

die Bluse, -n　ブラウス

Ich hätte gerne eine blaue Bluse.　ブルーのブラウスが買いたいんです。

die Bohne, -n 豆

Mein Sohn isst nicht gern Bohnen. うちの息子は豆は好きではないんです。

böse ①（3格に）怒っている

Ich habe dein Heft leider vergessen. Hoffentlich bist du mir nicht böse.
君のノート忘れてしまったんだけど、怒らないでね。

böse ②怒ったような

Machen Sie nicht so ein böses Gesicht!
そんな怒った顔をしないでください。

braten, brät, briet, hat gebraten ①焼ける、フライになる

Das Fleisch brät in der Pfanne. 肉がフライパンのなかで焼けています。

braten, brät, briet, hat gebraten ②（4格を）焼く、炒める

Braten Sie den Fisch in etwas Öl! 魚は少量の油で揚げてください！

die Brille, -n 眼鏡

Herr Jansen braucht eine neue Brille.
ヤンゼンさんは新しい眼鏡が要ります。

die Brücke, -n 橋

Fahren Sie über die nächste Brücke 次の橋を渡ってください。

buchen, bucht, buchte, hat gebucht （4格を）予約する

Ich habe einen Flug nach München gebucht.
ミュンヘン行きのフライトを予約しました。

bunt カラフルな、いろどり豊かな

Die bunte Jacke gefällt mir gut. 私はこのカラフルな上着が気に入りました。

das Büro, -s オフィス、事務所

Unser Büro ist samstags geschlossen.
うちの事務所は土曜日は閉まってます。

【C】

das Café, -s 喫茶店

Wollen wir uns im Café treffen?
カフェで待ち合わせるのはどうだい？

die CD （Compact Disc）CD （ただし発音は［ツェーデー］）

Bringen Sie bitte Ihre Lieblings-CD mit.
お気に入りのCDを持ってきてください。

die CD-ROM 読み取り専用ディスク（Compact Disc Read Only Memory）

Was versteht man unter CD-ROM?
CD-ROMってどういう意味なんですか？

der Chef, -s / **die Chefin**, -nen チーフ、(所・部・局)長

Wir haben einen neuen Chef.
新しい上司が来るんだ。

circa / ca. およそ

Von Stuttgart nach Frankfurt sind es circa 150 Kilometer.
シュトゥットガルトからフランクフルトまでおよそ150キロメートルです。

die Cafeteria, -s カフェテリア

Ich möchte mir schnell etwas aus der Cafeteria holen.
カフェテリアに行ってさっと何か買ってきたいんだけど。

chatten, chattet, chattete, hat gechattet チャットする

Mario chattet gern mit seinen Freunden im Internet.
マリオはネットで友達とチャットするのが好きなんです。

der Club, -s / **Klub**, -s ①同好会、サークル

Gibt es hier auch einen Volleyball-Club/Klub?
ここにはバレーボール・クラブもありますか？

der Club, -s / Klub, -s ②クラブ、ディスコ

Wir möchten gern tanzen gehen. Wo gibt es hier ein Club/Klub?

私たち、踊りに行きたいんです。近くのクラブはどこですか？

der Comic, -s(通例、複数で) マンガ、コミックス

Mein Freund liest nur Comics.

私の男友達はマンガしか読まない。

die Creme, -n/-s クリーム

Ich möchte mir eine Creme für die Hände kaufen.

ハンドクリームを買いたいんです。

Der Kuchen schmeckt sehr gut! Was ist in der Creme?

このケーキ、すごく美味しいです。クリームに何が入っているの？

da ①あそこの

Da hinten ist sie ja.　あの後ろに彼女がいるじゃない。

da ②そこへ、そこに

Wir sprechen gerade über Mary. Da kommt sie ja gerade.
僕らがメアリーのことを話している最中に、そこに彼女がやって来たんだ。

da ③[指示代名詞(der, die, das, die など)とともに] そこのそれ、そこにあるそれ

Ich nehme die da.　(die は例えば die Bluse「ブラウス」を指している指示代名詞)
私はそこのそれを買います。

da ④[指示代名詞(der, die, das, die など)とともに] そこにいる、到着している

Sind Herr und Frau Kleist schon da?　クライスト夫妻はもう(会場などに)お出でですか？

die Dame, -n　ご婦人

Damen(トイレの入り口にある標識)
ご婦人・女性用(⇔殿方・男性用は Herren)
Sehr geehrte Damen und Herren! / Meine Damen und Herren!
ご来場の皆さま(講演・演説の冒頭の挨拶)

daneben　その隣に

Du kennst doch die Bank. Daneben ist die Post.
銀行は分かるよね。その隣が郵便局だよ。

danken, dankt, dankte, hat gedankt　感謝する

Wir danken Ihnen für die Einladung.　私たちをお招きくださり感謝します。

der Dank　感謝

Vielen Dank für Ihre Mühe.　ご尽力感謝します。
Herzlichen Dank!　心から感謝します。

danke　①(nein とともに謝絶の挨拶)ありがとう、でも結構です

Kann ich dir helfen? — Nein, danke.　手を貸そうか？　―いや、結構ですよ。

danke　②(感謝の挨拶として Danke gleichfalls で)ありがとう、そちらもご同様に

Guten Appetit! — Danke, gleichfalls.
どうぞおいしく召し上がれ。―ありがとう、あなたもね。

dann　それから、そのあとに

Ich muss noch schnell zur Bank, dann komme ich.
これから急いで銀行に行かないといけないんで、それからそちらへまいります。

das Datum, die Daten　日付、年月日

Schreib bitte noch das Datum auf das Formular.　用紙に日付も書いてよ。

dauern, dauert, dauerte, hat gedauert　続く

Wie lange dauert die Pause?　休憩時間はどのくらいですか？

dein　(所有冠詞／不定冠詞型の語尾をつける)君の

Ist das dein Wagen?　これは君の車なの？

deins　(所有冠詞が中性名詞化されたもの)君のもの

Was für ein elegantes Auto! Ist das deins?　なんてエレガントな車だ！　これは君の(車)？

denn　①(並列の接続詞)というのは…だから

Peter kann nicht kommen, denn er ist krank.　ペーターは来られない、彼は病気だからね。

denn　②それじゃ…なの？＜心態詞＞

Wie ist das Fußballspiel denn ausgegangen?
それじゃあ、そのサッカーの試合どうなったわけ？

der, die, das, die　名詞につける定冠詞および単独で用いる指示代名詞

Du suchst einen Brief. Hier ist der Brief.
君は手紙を探しているのですね。その手紙ならここありますよ。
Ich nehme die da.　私はそこのそれを買います。

dich　(親称の人称代名詞duの4格)君を

Die Bücher sind für dich.　その本はどれも君用です。

dies– （指示代名詞／定冠詞型の語尾をつける）この

Ich nehme lieber diesen Kuchen.
むしろこっちのケーキを買いたいです。

dir （親称の2人称代名詞単数 du の3格）君に

Gefällt dir die Stadt? この街は気に入ったかい？

die Disco, -s / **die Disko**, -s ディスコ、クラブ

Gehen wir heute Abend in die Disco? 今晩はディスコに行かないか？

der Doktor, -en / **die Doktorin**, -nen（ともに Dr. と略記も） 医師、博士

Mein Kind ist krank. Wir gehen zum Doktor.
子供が病気です。医者に行きます。

das Doppelzimmer, – ツインルーム

Wollen Sie ein Doppelzimmer? Oder ein Einzelzimmer?
ツインルームがご希望ですか、それともシングルですか？

das Dorf, ¨er 村

Seine Familie lebt in einem Dorf. 彼の家族は村に住んでいる。

dort, dorher, dorhin あそこで、あそこから、あそこへ

Dort ist der Bahnhof. 駅はあそこです。
Ihre Tasche können Sie dorthin stellen. カバンはあそこに置いてくださって構いません。

draußen 外で、戸外で

Wollen wir lieber draußen sitzen? 腰を下ろすなら戸外にしようよ。

drucken, druckt, druckte, hat gedruckt （4格を）印刷する

Bitte drucken Sie das Formular für mich.
その用紙、私の分を印刷してください。

der Drucker, – プリンター

Sein Drucker ist kaputt. 彼のプリンターは壊れている。

drücken, drückt, drückte, hat gedrückt　（4格を）押す

Drücken Sie hier, dann geht der Drucker an.
ここを押してください。そうすればプリンターのスイッチが入ります。

du　君は（親称2人称単数1格）

Wie heißt du?　君の名前は？

durch（4格支配の前置詞）　①…を抜けて、…じゅうを

Am besten gehen Sie durch die Leopoldstraße.
レオポルト通りを抜けていくのが一番いいですよ。

durch（4格支配の前置詞）　②…を通って、…を抜けて

Sie fahren mit dem Motorrad durch den Wald.　彼らはバイクで森を通り抜けていく。

die Durchsage, -n　アナウンス、伝達

Die Ausländer haben die Durchsage nicht verstanden.
あの外国人たちはアナウンスが分からなかった。

dürfen, darf, durfte, hat gedurft（本動詞として使った場合）／ hat dürfen（助動詞として使った場合）　①…してもよい

Kleine Kinder dürfen hier Fußball spielen.　小さな子供たちはここでサッカーができる。

dürfen, darf, durfte, hat gedurft（本動詞として使った場合）／ hat dürfen（助動詞として使った場合）　②…させていただいてもよろしいでしょうか（丁寧な問いかけ）

Darf ich Sie zu Kaffee und Kuchen einladen?
コーヒーとケーキをご馳走したいのですが、いかかでしょう？

dürfen, darf, durfte, hat gedurft（本動詞として使った場合）／ hat dürfen（助動詞として使った場合）　③（レストランなどで、丁寧な問いかけに使用）

Was darf es sein?　何にいたしましょうか？

dürfen, darf, durfte, hat gedurft（本動詞として使った場合）／ hat dürfen（助動詞として使った場合）　④（nicht と）…してはならない

Du darfst hier nicht parken.　ここに駐車してはだめだよ。

dürfen, darf, durfte, hat gedurft (本動詞として使った場合) / hat dürfen (助動詞として使った場合) ⑤(否定語とともに)…してほしくない

Es darf nicht mehr als 1 000 Euro kosten.　1000ユーロ以上ではだめだ(無理だ)。

der Durst　のどの渇き、(Durst haben で)のどが渇いている

Haben Sie etwas zu trinken? Ich habe großen Durst.
何か飲み物をお持ちではないですか？　とてものどが渇いてしまって。

duschen, duscht, duschte, hat geduscht　シャワーを浴びる

Seine Tochter badet nicht so gern, sie duscht lieber.
彼の娘はお風呂がそんなに好きではない。シャワーの方が好きなんだ。

die Dusche, -n　シャワー

Ihre Wohnung hat nur eine Dusche.　彼女の住まいにはシャワーはひとつしかない。

レベルA2

da drüben　あの向こうに

Da drüben ist eine Bushaltestelle.　あの向こう側にバス停があります。

dabei　①その場に

Hatte er einen Stift dabei?　彼は鉛筆を持っていたの？

dabei　②その際に

Was haben Sie dabei gedacht?　その時、何を考えていたのですか？

dabei sein, ist dabei, war dabei, ist dabei gewesen
そのそばに(近くに)いる、ある

Es ist schön, dass Sie da sind. Ist Ihre Familie auch dabei?
あなたがそこに居られるなんて。ご家族もご一緒なんですか？

dafür/dagegen sein, ist dafür/dagegen, war dafür/dagegen, ist dafür/dagegen gewesen　それに賛成／反対である

Ich bin dafür/dagegen.　私はそれに賛成だ／反対だ。

damals　当時は

Mit 15 wollte ich gerne Klavier spielen lernen. Aber damals hatte ich kein Geld dafür.
15歳の時、私はピアノを習うつもりでした。けれど当時はそのためのお金がなかった。

dann　それなら、そうであるからには

Wir haben im Moment sehr viel zu tun. — Dann will ich nicht länger stören.
今とっても忙しいんだ。ーそれならこれ以上はお邪魔いたしません。

Wenn es nicht regnet, dann kommen wir.　雨は降らなかったら、そしたら僕らは行きます。

da(r)　前置詞と代名詞の融合形に使用される
※daと母音で始まる前置詞を結ぶ場合、間にrを挟む（darin, daraufなど）

Darauf fällt mir keine Antwort ein.
それに対する答えが私には思いつかない

dass（定動詞後置の従属接続詞）　…ということ

Reiner hat mir gesagt, dass er auch zur Party kommt.
ライナーは私に、自分もパーティーに行くと言った。

die Datei, -en　（PC関連用語）データファイル（発音注意 ［ダタイ］）

Wo haben Sie die Datei gespeichert?
データファイルはどこに保存したのですか？

denken, denkt, dachte, hat gedacht　①(4格を)思う、考える

Sie lächeln. Was denken Sie gerade?　にっこりしてますね。今何を考えているんですか？

denken, dass ...　②…と思う、想像する

Ich denke, dass Sie recht haben.　私はあなたが正しいと思います。

denken　③(an 4格のことを)考える、思い出す

Ich denke oft an meine Familie.　私はよく家族のことを思い出します。

denken　④(von 3格について)…と思う

Es ist uns ganz egal, was die Leute von uns denken.
あの人たちが我々についてどう思うか、そんなことは本当にどうでもいいことなんだ。

deshalb それゆえに（発音注意：des+halb）

Ich war krank. Deshalb war ich zu Hause.
病気だったので、僕は家にいたんです。

deutlich はっきりした、明瞭な

Schreibt bitte deutlich! （みんな）はっきり書いてね！

dick ①太った（⇔ dünn）

Mein Großvater ist zu dick. Er muss weniger essen.
祖父は太りすぎです。食べ物を減らさないといけないんです。

dick ②厚い

Die Mauer war hier sehr dick. この辺の壁は分厚かったんだ。

das Ding, -e 物

Geben Sie mir bitte mal das Ding da drüben. あの向こう側にあるのをください。

direkt ①直接に、直送で

Wir liefern Ihnen diese Ware direkt ins Haus.
この商品はお宅まで直送いたします。

direkt ②（時間・空間）すぐそばに

Unser Dorf liegt direkt an der Autobahn.
うちの村はアウトバーンのすぐそばにある。
Seine Familie wohnt direkt über dem Café.
彼の家族はカフェの真上に住んでいる。

direkt ③直通の

Gibt es keinen direkten Zug nach Lisbon?
リスボンへの直通列車はないんですか？

direkt ④すぐに、そのまま、寄り道せずに

Mein Sohn will nicht direkt nach der Schule studieren. Er möchte erst reisen.
私の息子は高校を終えてすぐに大学に行くつもりはない。彼はまず旅をしたい。

diskutieren, diskutiert, diskutierte, hat diskutiert　（4格を）議論する

Wir haben nur kurz diskutiert, wie wir das Büro einrichten sollen.
私たちは、事務所の設備をどう整えたらいいのか、ほんの少し議論しただけです。

doch　①(否定の疑問文に対して)いいえ、とんでもない

Haben Sie keinen Hunger?　— Doch, ich bin hungrig.
お腹空いてないんですか？　ーいえ、お腹空いてます。

doch　②(命令文で相手への促し、いらだちを示して)もう、いいから、頼むから〈心態詞〉

Geh doch wieder ins Bett!　もういいからベッドに戻りなさいよ。

dorther　（von dorther などで)あそこから(発音注意：dort+her)

Kommen Sie mit in die Stadt?　— Nein, ich komme gerade dorther/von dort.
一緒に街なかへ行きますか？　ーいや、今しがたそこから来たばかりなんだ。

dringend　緊急の(で)(＜ dringen「突き進む」)

Ist Frau Scholze da? Ich muss sie dringend sprechen.
ショルツェさんはお出でですか？　緊急の要件で話さないといけないんです。
Kommt schnell! Es ist dringend.
(みんな)急いで来て！　緊急事態なの。

drinnen　中で、屋内で

Wo sitzen wir? Draußen oder drinnen?
どこに座ろうか？　外がいいかな、それとも中かな？

dumm　①ばかな、愚かな、軽率な

Entschuldigen Sie, das war dumm von mir.　ごめんなさい、私は軽率でした。

dumm　②嫌な、不快な

Gestern ist mir etwas Dummes passiert.　昨日は、少々不愉快なことがあったんだ。

dumm　③くだらない

Wir finden den Film wirklich dumm.
私たちはその映画を本当にくだらないと思います。

dunkel ①（非人称主語 es と）暗い（⇔ hell）

Um 5 Uhr ist es schon dunkel.

５時になるともう暗くなる。

dunkel ②黒みがかった、褐色の

Meine Cousine hat dunkle Augen.

私の従姉妹の目は黒みがかっている。

dunkel ③濃い

Kaufst du dir eine dunkelblaue Bluse?

濃紺のブラウスを買うの？

dünn ①痩せた、細い（⇔ dick）

Mein Sohn ist sehr dünn. Er ist 1,85 Meter groß und 65 Kilo schwer.

私の息子はとても痩せている。身長が185センチで体重が65キロなんです。

dünn ②薄い

Das Buch war sehr dünn. Es hatte nur 45 Seiten.

その本はとても薄い本だった。たったの45ページしかなかったのだ。

sich⁴ duschen ［活用はレベルA1へ］ シャワーを浴びる

Möchtest du dich duschen? Das Badezimmer ist dort.

シャワー浴びたい？　お風呂場はあそこだよ。

【E】 レベルA1

die Ecke, -n　角、(通りの)角(ドイツ・スイスで。オーストリアでは Eck とも)

An der nächsten Ecke rechts.　次の角を右へ行って。
Wo ist die Bäckerei? — Gleich um die Ecke.
そのパン屋さんてどこ？　―角を曲がってすぐだよ。

die Ehe, -n　婚姻、結婚生活

Sie führen eine gute Ehe.　彼らは幸せな結婚生活を送っている。

die Ehefrau, -en　妻

Wie heißt deine Ehefrau mit Vornamen?　奥さんの下の名前は何と言うの？

der Ehemann, ̈ er　夫

Wie heißt Ihr Ehemann mit Vornamen?　旦那さんの下のお名前は何とおっしゃるのですか？

der Ehepartner, - / **die Ehepartnerin**, -nen　配偶者

Wie heißt seine zweite Ehepartnerin?　彼の２人目のパートナーは何て言うお名前ですか？

eilig　(es eilig haben で)急いでいる

Hast du es mit der Arbeit eilig?　その仕事、急いでいるの？

ein-　(既出の名詞を受ける不定代名詞)ひとつ、ひとり

Ich nehme einen Wein. Willst du auch einen?
私はワインを一杯もらうけど、君も一杯ほしい？
Wir haben zu wenig Tänzerinnen. Wir brauchen noch eine.
女性のダンサーがあまりに少ないな。もう一人必要だ。

einfach　①片道の

Hin und zurück? — Nein, nur einfach, bitte!
往復切符ですか？　―いえ、片道だけにしてください！

einfach　②簡単な、単純な

Das verstehe ich nicht. Können Sie das bitte einfacher sagen?
それは私にはわかりません。もっと簡単に説明していただけませんか？

der Eingang, ⸚e 入り口

Der Eingang ist gleich um die Ecke.
入り口は角を曲がってすぐのところにあります。

einkaufen, kauft ein, kaufte ein, hat eingekauft ①（4格を）買い入れる

Musst du noch für morgen einkaufen?
明日のために、買い物しておかないといけないの？

einkaufen, kauft ein, kaufte ein, hat eingekauft
②（einkaufen gehen で）買い物に行く

Wir gehen einmal in der Woche einkaufen.　私たちは週に一度買い物に行きます。

einladen, lädt ein, lud ein, hat eingeladen　（4格を）招待する

Darf ich Sie zum Abendessen einladen?　夕食にお招きしてもよろしいでしょうか？

die Einladung, -en　招待（状）

Danke Ihnen für die Einladung!　お招きありがとうございます！

einmal　①一度

Ich habe das Bild leider nur einmal gesehen.
この絵は残念だけど一回しか観たことがありません。

einmal　②（noch einmal で）もう一度

Bitte rufen Sie mich morgen noch einmal an.　明日もう一回電話してください。

einsteigen, steigt ein, stieg ein, ist eingestiegen　乗り物に乗る、乗車する

Schnell, steig ein, der Bus fährt gleich.　急いで乗って、バスはすぐに出るよ。

der Eintritt, -e　入場（料）

Der Eintritt ist frei!　入場無料！

das Einzelzimmer, -　シングルルーム

Möchten Sie lieber ein Einzelzimmer?
シングルルームのほうがいいですか？

die Eltern（複数で）　両親

Meine Eltern leben in der Schweiz.　両親はスイスで暮らしています。

die E-Mail, -s　メール、電子メール

Er hat Ihre E-Mail nicht bekommen.　彼はあなたのメールを受信していません。

der Empfänger, -　受取人、受信者

Auf dem Brief steht Ihr Name, also sind Sie der Empfänger.
手紙にはあなたの名前がありますね、ということはあなたが受取人です。

empfehlen, empfiehlt, empfahl, hat empfohlen　勧める

Welches Bier können Sie mir denn empfehlen?　どのビールがお勧めですか？

enden, endet, endete, hat geendet　終わる（⇔ anfangen）

Die Gohliser Straße endet hier.　ゴーリス通りはここで終わりです。

das Ende, -n　終わり、最後

Wir wohnen am Ende der Straße.　私たちはこの通りの終わりのあたりに住んでいます。
Ich bekomme mein Geld am Ende des Monats.　月末にお金を受け取ります。

entschuldigen, entschuldigt, entschuldigte, hat entschuldigt
弁護する、許す、（Entschuldigen Sie ... で）申し訳ありません

Entschuldigen Sie bitte!　どうも申し訳ありません！

die Entschuldigung, -en　弁解、許し

Oh, Entschuldigung! — Bitte! / Macht nichts. Kein Problem.
ああ、ごめんなさい！　ーいいえ！／どうということはありませんよ。大丈夫。

er　3人称単数代名詞1格（人間だけでなく男性名詞を受ける）

Da ist mein Bruder. Er studiert Chemie.　あそこに兄がいます。大学で化学を学んでいます。

das Ergebnis, -se　結果

Das Ergebnis der Prüfung bekommen Sie in 3 Wochen.
試験の結果は3週間後に受け取れます。

erklären, erklärt, erklärte, hat erklärt　（4格を）説明する

Können Sie mir das erklären?　それを私に説明していただけませんか？

erlauben, erlaubt, erlaubte, hat erlaubt　（3格に4格を）許す

Ich erlaube meinen Kindern fast alles.
私は子供たちにたいていのことは許してます。

erlaubt sein, ist erlaubt, war erlaubt, ist erlaubt gewesen　許可されている

Parken ist hier erlaubt.　ここは駐車可だ。

der Erwachsene, -n　大人、成人

Diese kulturelle Sendung ist für Erwachsene.　この教養番組は大人向きだ。

erzählen, erzählt, erzählte, hat erzählt　（4格を）語る、話す

Ich muss euch etwas erzählen!　みんなに何かお話ししないといけないね！

es　①3人称単数代名詞1格(人間を含めた中性名詞を受ける)

Das ist sein Kind. Es spielt Klavier sehr gut.
この子が彼の子供です。ピアノがとても上手なんです。

es　②非人称の主語

Es regnet.　雨が降ってます。

essen, isst, aß, hat gegessen　①（4格を）食べる

Ich esse gern Bananen.　私はバナナを食べるのが好きです。

essen, isst, aß, hat gegessen　②(zu Mittag / zu Abend essen で)昼食／夕食をとる

Hast du schon zu Mittag gegessen?　もうお昼食べた？

das Essen, -　①食事

Darf ich Sie zum Abendessen einladen?　夕食にお招きしていいでしょうか？

das Essen, -　②食べ物

Das Essen ist noch warm.　食べ物はまだ温かい。

euch 2人称複数代名詞ihrの3・4格形

Ich erzähle euch ein Märchen. 君たちに昔話をひとつ聞かせよう。

euer （所有冠詞／不定冠詞型の語尾をつける）君たちの

Wie heißt euer Vater? 君たちのお父さんの名前は？

レベルA2

das E-Book, -s 電子書籍

Lesen Sie lieber E-Books oder Bücher aus Papier?
電子書籍と紙の書籍ではどちらがいいですか？

die Ecke, -n （部屋などの）隅

Das Bücheregal stellen wir hier in die Ecke. 本棚はここの隅に置きます。

echt ①本物の、真の

Ist das Bild ein echter Leonardo? その絵は本物のレオナルド（ダ・ヴィンチ）なの？

echt ②本当に

Der Film war echt gut. その映画は本当によかった。

egal （3格にとって）どうでもよい

Das ist mir ganz egal. それは私にはまったくどうでもいいことです。

eigen- ①自分自身の

Fast jedes Kind will ein eigenes Zimmer haben.
どの子もほとんど自分の部屋をほしがります。

eigen- ②固有の、自分なりの

Fast alle Leute haben keine eigene Meinung. 大半の人が自分なりの意見をもってはいません。

eigentlich ①ほんとうは、本来は

Meine Frau wollte eigentlich einen Ausflug machen, aber es begann zu regnen.
妻はもともとはハイキングに行くつもりだったのですが、雨が降り始めたのです。

eigentlich ②いったいぜんたい、そもそも

Kennen Sie eigentlich Susanne?　そもそもスザンヌをご存じなのですか？

das Einkaufszentrum, -zentren　ショッピングセンター

Kommen Sie morgen mit ins Einkaufszentrum?
明日、一緒にショッピングセンターに行きませんか？

einpacken, packt ein, packte ein, hat eingepackt
①(スーツケースなどに4格を)詰める

Hast du auch Handtücher eingepackt?
タオルもスーツケースに入れた？

einpacken, packt ein, packte ein, hat eingepackt　②(4格を)包装する

Soll ich Ihnen das Buch als Geschenk einpacken?
この本はご贈答用に包装いたしましょうか？

sich⁴ eintragen, trägt ein, trug ein, hat eingetragen
①自分の名前を記入する、記名する

Ich habe mich in die Liste schon eingetragen.
名前はすでに記入してあります。

eintragen, trägt ein, trug ein, hat eingetragen　②(4格を)記入する

Du musst deinen Namen und deine Adresse eintragen.
君は名前と住所を記入しないといけません。

einverstanden sein, ist einverstanden, war einverstanden, ist einverstanden gewesen
①了解！　オーケー！

Als Termin schlage ich den 13. Dezember vor. — Gut, (ich bin) einverstanden!
予定日時としては12月13日を提案したいんだが。―いいですね、承知(了解)しました。

einverstanden sein, ist einverstanden, war einverstanden, ist einverstanden gewesen
②同意した、賛成の

Bist du einverstanden, wenn wir bald nach London abfahren?
すぐにロンドンに向けて出発するとしたら、賛成する？

60

Einzel– (名詞につけて)単独の…、個々の…

Einzelkind ひとりっ子　Einzelzimmer シングルルーム　など

einzeln ひとりずつ、個々に [A2]

Nicht alle zusammen. Bitte sprecht einzeln!
みんないっぺんにしゃべってはだめ。ひとりずつ話してちょうだい！

einziehen, zieht ein, zog ein, ist eingezogen
入居する、(方向を示す語句と)…へ入居する

Wann kann ich in die Wohnung einziehen?
その住宅へはいつ入居できますか？

-en / -ern(後綴り)　語幹が表す物質であることを示す形容詞を作る

golden 黄金の (< das Gold)、**steinern** 石の、石でできた (< der Stein)　など

endlich ついに、やっと

Endlich hat Familie Meinhof eine schöne Wohnung gefunden.
マインホフ家はようやく素敵な住まいを見つけた。
Endlich sind Sie da!　ようやくお出でになりましたね！

eng きつい、窮屈な(⇔ weit) [A2]

Das Hemd ist mir zu eng.　このシャツは私にはきつすぎます。

entgegen– 分離動詞の前綴りとして「3格に向かって」「3格に反して」の意味を基本動詞に加える

entgegenstellen 対置する　entgegenarbeiten 反対運動をする、妨害活動をする　など

entgegen ①(3格支配の前置詞)(3格に)反して [B1]

Entgegen meiner Erwartung ist eine gute Antwort gekommen.
予想に反して、いい返事が来た。

entgegen ②副 (3格に)向かって、(3格に)反して

Das war meiner Absicht entgegen.
それは私の意図に反することだった。

er– 非分離の前綴りなどとして、基礎動詞に結果、完遂、獲得などの意味を加える

erwachsen 成育する　erreichen 到達する　erlernen 習得する　など

-er(後綴り)　①(名詞に付けて)…する人、するもの(-ler, -ner も)

Musiker 音楽家　Berliner ベルリン市民　Bomber 爆撃機　など

-er(後綴り)　②(地名につけて無変化の形容詞をつくる)その町(地方)の

Frankfurter フランクフルトの (<Frankfurt)、Münchner ミュンヒェンの (< München)、
Tokioter 東京の (<Tokio / Tokyo)　など

das Erdgeschoss / Erdgeschoß, -e　1 階

Peter wohnt im Erdgeschoss.　ペーターは 1 階に住んでいます。

die Erfahrung, -en　経験、見聞したこと

Onkel Heinz hat zehn Jahre Erfahrung in diesem Beruf.
ハインツおじさんはこの職業では 10 年の経験がある。

erinnern, erinnert, erinnerte, hat erinnert　①(4 格に an 4 格を)思い出させる

Bitte, erinnere mich noch einmal an den Termin!
頼むから、その予定をもう一度思い出させてくれよな！

sich⁴ erinnern, erinnert, erinnerte, hat erinnert　②(an 4 格を)思い出す

Ich erinnere mich noch genau an die schönen Tage in Bonn.
ボンでの楽しかった日々を私はいまでもはっきりと思い出します。

die Erinnerung, -en　思い出、記憶

An diese Zeit hat meine Großmutter viele schöne Erinnerungen.
この時代に、祖母はいい思い出をたくさん持っています。

erkältet sein, ist erkältet, war erkältet, ist erkältet gewesen　風邪をひいた

Die Lehrerin ist stark erkältet.　先生はひどい風邪をひいています。

die Erlaubnis, -se　許可(証)(<動詞 erlauben)

Haben Sie vieleicht keine Arbeitserlaubnis?　ひょっとして労働許可証をお持ちでないのですか？

die Ermäßigung, -en　値下げ、割引

Es gab damals eine Ermäßigung für Kinder und Senioren.
当時は子供とお年寄りには割引があったんです。

erreichen, erreicht, erreichte, hat erreicht　①(4格に)間に合う

Wenn wir uns beeilen, erreichen wir noch den letzten Zug.
急げば最終列車にまだ間に合います。

erreichen, erreicht, erreichte, hat erreicht　②(4格に)連絡がつく

Bis 18 Uhr kannst du mich im Büro erreichen.
18時までなら事務所にいるので連絡がつきますよ。

erreichen, erreicht, erreichte, hat erreicht　③(4格に)達する、至る

Der neue Zug erreicht eine Geschwindigkeit von 300 km/h.
新型列車は時速300キロに達します。

erst　①副 初めて、やっと

Sophie war erst 14 Jahre alt.
ゾフィーは14歳になったばかりだった。

erst　②(時点を表す語句と)やっと、ようやく

Wir haben das erst gestern erfahren.
我々はそのことをようやく昨日になって聞き及んだのだ。

etwas　何か

Hast du etwas zum Schreiben?
何か書くもの持ってないかな？

fahren, fährt, fuhr, ist gefahren 　①（乗り物で）行く

Fährst du mit dem Auto zur Arbeit? 　車で仕事に行くの？

fahren, fährt, fuhr, ist gefahren 　②乗り物で走る、運転する

Fahren Sie bitte nicht so schnell. 　そんなに飛ばさないでください。

der Fahrer, - / **die Fahrerin**, -nen 　運転手、ドライバー

Während der Fahrt nicht mit dem Fahrer sprechen!
（車内掲示）運行中はドライバーとは話せません！

die Fahrkarte, -n 　乗車券、切符（スイスでは Billet）

Haben Sie schon eine Fahrkarte?
もう切符はお持ちですか？

das Fahrrad, ¨ er 　自転車
（ドイツ・オーストリアでは Rad とも、スイスでは Velo）

Julia fährt jeden Morgen mit dem Fahrrad zur Arbeit.
ユーリアは毎日自転車で仕事に行きます。

falsch 　間違った（⇔ richtig）

Das war falsch. 　それは間違えだった。

die Familie, -n 　家族

Seine Familie lebt in der Schweiz.
彼の家族はスイスで暮らしている。

der Familienname, -n 　名字、姓

Mein Familienname ist Schwarznegger. 　私の苗字はシュヴァルツネッガーです。

der Familienstand 　配偶関係（配偶者の有無等）
（ドイツ・オーストリアでは Personenstand とも、スイスでは Zivilstand）

Bei „Familienstand" musst du „verheiratet" ankreuzen.
配偶関係では、君の場合「既婚」の欄に×印を付けないといけません。

die Farbe, -n　①色

Welche Farbe gefällt dir am besten?　どの色が一番のお気に入りなの？

die Farbe, -n　②絵の具、塗料

Wie viel kostet diese Farbe?　この絵具の値段は？

das Fax, -e　ファクス

Schicken Sie mir einfach ein Fax!　とにかくファクスで送ってください！

fehlen, fehlt, fehlte, hat gefehlt　①欠席する

Brigitte war nicht in der Schule, sie fehlt schon seit drei Tagen.
ブリギッテは学校に来ていない。もう３日も休んでいる。

fehlen, fehlt, fehlte, hat gefehlt　②（３格の）体調が悪い

Was fehlt Ihnen? Haben Sie Kopfschmerzen?　どこが悪いんですか？　頭痛ですか？

der Fehler, -　誤り、間違い

Diesen Fehler machst du immer.　いつもここを間違えるんだね。

Feier-　「祝賀の、祝典の」を意味する前綴り

der Feierabend 祝日の前夜、終業、晩の余暇　der Feiertag 休日、祝日　など

feiern, feiert, feierte, hat gefeiert　（４格を）祝う

Wir feiern heute seinen Geburtstag.　今日は彼の誕生日祝いだ。

das Fenster, -　窓

Darf ich das Fenster öffnen?　窓を開けてもいいでしょうか？

fernsehen, sieht fern, sah fern, hat ferngesehen　テレビを見る

Seine Kinder dürfen abends nur eine halbe Stunde fernsehen.
彼の子供がテレビを見ていいのは、夜の30分間だけなんだ。

das Fernsehen　テレビ、テレビ放送

Was gibt es heute im Fernsehen?　今日はテレビでは何があるかな？

der Fernseher, - テレビ受像機

Der alte Fernseher ist schon wieder kaputt. 古いテレビがまた壊れた。

fertig sein, ist fertig, war fertig, ist fertig gewesen ①用意のできた

Ist mein Wagen schon fertig? 私の車、もう用意できた？

fertig sein, ist fertig, war fertig, ist fertig gewesen
②完成した、できあがった

Das Abendessen ist gleich fertig. 夕ご飯はまもなくできあがります。

das Feuer ①ライター、マッチ

Haben Sie Feuer? 火を貸してもらえませんか？

das Feuer ②火、火事

Feuer! 火事だ！

das Fieber 熱

Mein Sohn hat noch immer Fieber. 息子はまだ熱が下がりません。

der Film, -e 映画、フィルム

Ich sehe gern Filme. 僕は映画が好きなんです。

finden, findet, fand, hat gefunden ①（4格を）見つける

Wir müssen den Hausschlüssel finden.
玄関のカギを見つけないといけません。

finden, findet, fand, hat gefunden ②（4格を…だと）思う

Luka finde ich sehr nett. 私はルカはとても親切だと思います。

die Firma, Firmen 会社

Seit wann arbeitest du bei dieser Firma? いつからこの会社で働いているんだい？

der Fisch, -e 魚（肉）

Er isst gern Fisch. Fleisch mag er nicht. 彼は魚が好きで、肉は嫌いなんです。

die Flasche, -n　瓶

Eine Flasche Rotwein, bitte.　赤ワイン1本お願いします。

das Fleisch　肉

Fleisch mag sie nicht.　彼女、肉は嫌いなんです。

fliegen, fliegt, flog, ist geflogen　①（飛行機で）行く

Wir fliegen nicht gern. Deshalb fahren wir mit dem Zug.
私たちは飛行機が好きではないので、列車で行きます。

fliegen, fliegt, flog, ist geflogen　②飛行する

Dieses Flugzeug fliegt direkt nach Paris.　この飛行機はパリ直行便です。

der Flug, ⸚e　フライト、飛行便

Ich möchte einen Flug nach Japan buchen.　日本行きのフライトを予約したいんです。

abfliegen, fliegt ab, flog ab, ist abgeflogen
離陸する、飛行機で出発する、飛び立つ

Wann fliegen Sie ab?　何時のフライトですか？

der Abflug, ⸚e　離陸、出発、旅立ち

Der Abflug ist um 10:45.　10時45分に離陸です。

der Flughafen, ⸚　空港

Können Sie mich zum Flughafen bringen?　空港まで乗せて行っていただけませんか？

das Flugzeug, -e　飛行機

Das Flugzeug aus Osaka kommt heute später an.　大阪発の飛行機は今日は延着です。

das Formular, -e　記入用紙、申請用紙

Füllen Sie das Formular aus, bitte.　用紙に記入をお願いします。

das Foto, -s　写真

Ich möchte ein Foto machen.　写真を一枚撮りたいんです。

fragen, fragt, fragte, hat gefragt （4格に）質問する

Sie möchte dich etwas fragen. Wann kommst du?
彼女は君に少し訊きたいんだ。君はいつ来るの？

die Frage, -n 問い、質問

Haben Sie Fragen? ご質問はありませんか？

die Frau, -en ①（成人の）女、女性

Hier arbeiten mehr Männer als Frauen.
この職場は女性より男性の方が多いです。

die Frau, -en ②妻

Ist seine Frau berufstätig? 彼の奥さんは仕事に就いているの？

Frau（+ Familienname） …さん

Guten Tag, Frau Becker！ ベッカーさん、こんにちは！

frei （席などが）空いている

Ist der Platz noch frei? この席空いてますか？

die Freizeit （通例、単数で）余暇、自由な時間、暇

In ihrer Freizeit hört sie gern Musik.
彼女は暇なときは音楽を聴くのが好きです。

fremd ①なじみのない、不案内な

Ich bin fremd hier. 私はこの辺りはよく知らないんです。

fremd ②よその、外国の

Mein Bruder reist gern in fremde Länder.
兄は外国旅行が好きなんです。

sich⁴ freuen, freut, freute, hat gefreut ①（über 4格を）喜ぶ

Meine Tochter freut sich über das Bilderbuch.
私の娘はその絵本を喜んでいる。

sich⁴ freuen, freut, freute, hat gefreut　②(auf 4格を)楽しみにしている

Wir freuen schon auf den Urlaub.
私たちはもう休暇が楽しみだ。

der Freund, -e / **die Freundin**, -nen　友人、ボーイフレンド／ガールフレンド

Er sieht seine Freunde nur am Wochenende.
彼が友達に会うのは週末だけだ。

früh　①(時刻が)早い

5 Uhr ist uns zu früh.　5時では私たちには早すぎます。

früh　②(von früh bis spät で)朝から晩まで

Meine Eltern arbeiten von früh bis spät.
両親は朝から晩まで働いています。

früher　副 以前は

Früher habe ich in Brüssel gewohnt.
以前、私はブリュッセルに住んでいました。

früher-　(形容詞の比較級)より早い

Ich nehme den früheren Zug.　私はその早めの列車にします。

frühstücken, frühstückt, frühstückte, hat gefrühstückt　朝食をとる

Hast du schon gefrühstückt?　もう朝ご飯食べた？

das Frühstück　朝食

Isst du kein Ei zum Frühstück?　朝ご飯に卵は食べないの？

die Führung, -en　案内、ガイド(＜レベルB1の動詞führen「…を導く、引率する」)

Die nächste Führung beginnt in wenigen Minuten.
あと数分で次のガイドツアーが始まります。

für(4格支配の前置詞)　①(帰属)…に対しての

Da ist Post für Sie.　あなた宛ての郵便物はあそこです。

für（4格支配の前置詞）　②（用途）…用の

Ist das das Brot für morgen?　それは明日用のパンなの？

für（4格支配の前置詞）　③（適合）…のための、…向きの

Es gibt hier viele Sportvereine für Kinder.
ここには子供向けのスポーツクラブがたくさんあります。

der Fuß, ⸚e　①足

Der rechte Fuß tut mir weh.　右足が痛むんです。

der Fuß, ⸚e　②（zu Fuß で）徒歩で

Bist du zu Fuß gekommen?　歩いてきたの？

der Fußball, ⸚e　①サッカー

Spielen die Kinder gerne Fußball?　この子たちはサッカー好きなの？

der Fußball, ⸚e　②サッカーボール

Gerhard wünscht sich zu Weihnachten einen neuen Fußball.
ゲアハルトはクリスマスに新しいサッカーボールがほしい。

レベルA2

das Fach, ⸚er　①分野、学科、科目

Welches Fach magst du am liebsten?　何の科目が一番好きなのかな？

das Fach, ⸚er　②引き出し、仕切り、整理棚　[B1]

Die Handtücher sind im untersten Fach.　タオルは一番下の棚にあります。

der Fahrplan, ⸚e　時刻表、ダイヤ

Haben Sie schon den neuen Fahrplan?
新しい時刻表、もう持っていますか（置いてありますか）？

fallen, fällt, fiel, ist gefallen　落ちる

Pass auf, der Teller fällt gleich vom Tisch.　気を付けて！ お皿がテーブルから落ちそうだよ。

70

fantastisch 素晴らしい、素敵な

Die Aussicht über den See war fantastisch! 湖の眺めは素晴らしかった。

fast ほとんど

Das Konzert war fast zu Ende. コンサートはほとんど終わるところだった。

faul ①怠惰な

Mein Freund war am Anfang in der Schule faul. Heute lernt er fleißig.
僕の友達は学校でははじめのうち怠けていたけれど、今では一生懸命やっています。

faul ②腐った [B1]

Die Bananen kannst du nicht mehr essen. Sie sind faul.
そのバナナはもう食べられないよ。傷んでいるんです。

fehlen [活用はレベルA1へ] ①欠けている

Auf dieser Postkarte fehlt der Absender.
この葉書には差出人の名前がありません。

fehlen ②足りない

Mir fehlte nichts. 私には何ひとつ不足はなかった。

fehlen ③見つからない

Mir fehlt seit vorgestern meine Tasche.
—昨日からカバンが見つからないんだ。

die Ferien (複数で) 休暇(スイスで。ドイツ・オーストリアではUrlaub)

Ich habe noch eine Woche Ferien. 休暇はまだ一週間ある。

das Fest, -e ①お祭り、お祝い

Am Sonntag feiern wir ein Fest. Meine Frau hat Geburtstag.
日曜にはお祝いをする。妻の誕生日なんだ。

das Fest, -e ②(frohes Fest で)おめでとう！(祝日のあいさつ)

Frohes Fest! おめでとう！

das Festival, -s　フェスティバル

Am Wochenende ist in der Stadthalle ein Musik-Festival.
週末にはシティーホールで音楽フェスティバルがある。

fett　①脂っこい

Das Essen war mir zu fett.　料理は私には脂っこすぎた。

fett　②肥えた　[B1]

Das ist aber ein fetter Hund!　なんと太ったイヌなんだろう！

das Fett　油脂、ラード、脂肪　[B1]

Du solltest nicht so viel Fett essen.
そんなに脂肪分は摂らない方がいいでしょう。

finden　[活用はレベルA1へ]（esと dass ... を用いて）（es＝dass を…だと）思う

Ich finde es gut, dass du so langsam sprichst.
君がゆっくり話すのはよいことだと思うよ。

fit sein, ist fit, war fit, ist fit gewesen　体調のよい、コンディションがいい

Thomas will fit sein. Er geht jeden Abend ins Fitnessstudio.
トーマスは体調を整えるつもりだ。彼は毎晩フィットネスジムに通っている。

fleißig　勤勉な

Paula war wirklich fleißig.　パウラは本当に勤勉でした。

der Flohmarkt, ⸚e　蚤の市、がらくた市

Mein Großvater hat diesen Hut auf dem Flohmarkt gekauft.
お祖父さんはこの帽子を蚤の市で買ったんです。

der Fluss, ⸚e　河、川

Die Donau ist auch ein großer Fluss.　ドナウ河も大河です。

der Fotoapparat, -e　カメラ

Ich will mir einen neuen Fotoapparat kaufen.　新しいカメラを買うつもりなんです。

fotografieren, fotografiert, fotografierte, hat fotografiert　写真を撮る

Ihr Vater fotografiert sehr gern.
彼女のお父さんは写真を撮るのが大好きです。

fragen　[活用はレベルA1へ]　①（nach 3格のことを）尋ねる

Hat die Lehrerin nach mir gefragt?　先生は私のこと訊いてきた？

sich⁴ fragen　②疑問に思う、迷う

Wir fragen uns, ob das richtig war.
それが正しかったのか、私たちは疑問に思っているのです。

die Frage, -n　（infrage / in Frage kommen で）問題になる

Das ist gar nicht in Frage gekommen.　それはまったく問題にならなかった。

frei　①無料の

Eintritt frei für Männer/Frauen/Kinder!　男性／女性／子供は入場無料！

frei　②自由に、自主的な（に）

Kann ich meine Arbeitszeiten frei wählen?
私は自分の就労時間を自主的に選んでいいのでしょうか？

-frei　名詞につけて「…のない、…を免れている」という意味の形容詞を作る後綴り

alkoholfrei アルコールを含まない　rezeptfrei 処方箋のいらない　steuerfrei 免税の　など

im Freien　野外で、戸外で

Die Kinder wollen heute im Freien übernachten.
子供たちは今日は戸外で寝るつもりです。

die Freiheit　（通例、単数で）自由　[B1]

Jeder hat die Freiheit, seine eigene Meinung zu sagen.
誰にも自分の意見を言う自由はあります。

freihaben　（分離動詞のように用いて）（仕事などが）休みである

Morgen haben die Kinder frei.　明日は子供たちは（学校が）お休みだ。

freiwillig　自由意志の、自発的な

Oft bleibe ich freiwillig länger im Büro.
自分から事務所(職場)により長くいることがよくあります。

freuen　[活用はレベルA1へ] (Es freut mich, dass ... で) (dass 以下を)私はうれしく思う

Es freut mich, dass die Arbeit so gut geklappt hat.
仕事がうまくいったのが私はうれしい。

freundlich　①好ましい、感じのよい

Er hat mich sehr freundlich begrüßt.
彼は私にとても愛想よくあいさつした。

freundlich　②友好的な

Die Frau ist sehr freundlich zu ihm.
あの女性は彼にはとても好意的です。

freundlich　③(手紙の結びに用いて)

Mit freundlichen Grüßen　敬具

frisch　①新鮮な、できたての、(パンなどが)焼きたての

Die Brötchen sind noch ganz frisch.　この丸パン、焼きたてほやほやです。

frisch　②(衣類などが)洗いたての

Die Hose ist frisch gewaschen.　ズボンは洗ったばかりです。

frisch　③…したばかり

Vorsicht! Frisch gestrichen!　ペンキ塗りたて、注意！

froh　①うれしい、喜んでいる

Sarah ist sehr froh, dass alles so gut geklappt hat.
ザラはすべてがうまくいったのでとても喜んでいます。

froh　②(祭日のあいさつで)おめでとう！

Frohes Fest!　おめでとう！

sich⁴ fühlen, fühlt, fühlte, hat gefühlt　①気分である、感じる

Wie fühlst du dich?　— Vielen Dank, ich fühle mich wohl.
気分はどう？　ーありがとう、よくなりました。

fühlen, fühlt, fühlte, hat gefühlt　②(4格を)触れて調べる　[B1]

Fühlen Sie mal, ob das Wasser zu heiß ist.
お湯が熱すぎないか、触ってみてください。

der Führerschein, -e　①運転免許証
（ドイツ、オーストリアで。スイスでは Führerausweis）

Haben Sie einen Führerschein?
運転免許証お持ちですか？

der Führerschein, -e　②(den Führerschein machen で)運転免許を取る

Ich habe vor einem Jahr den Führerschein gemacht.
運転免許は1年前に取りました。

die Fundsachen (複数で)　遺失物(取り扱い所、係)

Hast du deinen Schirm gefunden? Du kannst dort bei den Fundsachen schauen.
傘見つかった？　あそこの遺失物のところを見てみたら。

furchtbar　①ひどい、恐ろしい

Freya hatte furchtbare Schmerzen.
フライアの痛みはひどいものだった。

furchtbar　②ひどく、非常に

Das war dir furchtbar unangenehm?
ひどく不愉快だったんじゃない？

furchtbar　③ひどい、嫌な

Das Hemd sieht ja furchtbar aus. So kannst du nicht zur Schule gehen!
そのシャツひどいもんだな。それじゃあ学校には行けないぞ。

der Garten, ⸚ 庭

Mein Großvater hat einen schönen Garten. 祖父はきれいな庭をもっている。

der Gast, ⸚e 客

Wir haben heute Abend Gäste. 今晩はお客さんが来ます。

geben, gibt, gab, hat gegeben ①与える

Geben Sie mir bitte eine Quittung! 私に領収書（計算書）ください！
Gib mir bitte das Salz. その塩、こっちに回してくれよ。

geben, gibt, gab, hat gegeben ②（3格 eine Spritze geben で）（3格に）注射をする

Der Arzt hat mir eine Spritze gegeben. 医者は私に注射した。

geben, gibt, gab, hat gegeben ③（es gibt 4格単数／複数で）…がある、いる、存在する

Gibt es keine Karten mehr? もうカードはないんですか？
Es gibt bald Regen. じきに雨になります。

geboren werden, wird geboren, wurde geboren, ist geboren worden
生まれる（< gebären「子を産む、出産する」）

Wo sind Sie geboren? ― Ich bin in Zagreb geboren.
生まれはどちらですか？ ―私はザグレブ生まれです。

das Geburtsjahr, -e 出生年

Das Geburtsjahr Ihrer Tochter, bitte? お嬢さんの出生年は？

der Geburtsort, -e 出生地

Bitte schreiben Sie hier Ihren Geburtsort. ここにあなたの出生地を書いてください。

der Geburtstag, -e 誕生日

Herzlichen Glückwunsch zum Geburtstag! お誕生日おめでとう！

gefallen, gefällt, gefiel, hat gefallen （3格の）気に入る

Das T-Shirt gefällt mir gut. このTシャツ、気に入りました。

gegen（4格支配の前置詞）　①（衝突）…に

Er ist gegen einen Baum gefahren.　彼は運転してたら樹にぶつかったんだ。

gegen（4格支配の前置詞）　②（対立・対抗）…に対して、反して、向かって

Wer spielt gegen wen heute?　今日はどこ（誰）とどこ（誰）が対戦するんだい？

gegen（4格支配の前置詞）　③反対だ（⇔ für）

Bist du gegen / für diesen Vorschlag?　この提案に君は反対／賛成？

gegen（4格支配の前置詞）　④…に対抗できる、…に効く　[A2]

Haben Sie ein Mittel gegen Fieber?　解熱剤ありますか？

gehen, geht, ging, ist gegangen　①行く、去る

Jetzt müssen wir leider gehen.　私たち、残念だけど行かなくちゃ。

gehen, geht, ging, ist gegangen　②（非人称主語 es とともに）挨拶のきまり文句

Wie geht's dir? — Danke, es geht.
調子はどう？　—ありがとう、まあまあだよ。

gehen, geht, ging, ist gegangen　③（物事が）可能である

Das geht nicht!　それはダメだ。

gehen, geht, ging, ist gegangen　④通う

Meine Tochter geht noch zur (in die) Schule.
私の娘はまだ学校に通っています。

gehen, geht, ging, ist gegangen　⑤（zu Fuß gehen で）歩いて行く

Ich gehe jeden Morgen zu Fuß zur Arbeit.　仕事には毎日歩きで行きます。

gehen, geht, ging, ist gegangen　⑥（zum Arzt gehen で）医者に行く

Du musst zum Arzt gehen.　医者に診てもらわないといけないよ。

gehören, gehört, gehörte, hat gehört　（3格の）ものである、（3格の）所有である

Wem gehört das Haus?　この家屋は誰のものなんですか？

das Geld ①（通例、無冠詞で）お金

Haben Sie noch Geld?　まだお金持ってますか？

das Geld ②（Wechselgeld で）釣り銭、小銭　[B1]

Sie haben mir zu viel Wechselgeld gegeben.　お釣り多すぎましたよ。

das Gemüse　野菜　（集合的に用いる）

Ich esse Obst und Gemüse sehr gern.　私は果物と野菜が大好きです。

das Gepäck　手荷物、（旅行の）荷物　（集合的に用いる）

Willst du dein Gepäck mitnehmen?　君は自分の荷物を持っていくつもり？

gerade　①たった今

Da kommt Heinz ja gerade.　ハインツはたった今姿を見せた。

gerade　②まっすぐな（に）[B1]

Das Bild hängt nicht gerade.　その絵、ちゃんと（まっすぐに）かかっていないよ。

gerade　③まさに

Können Sie bitte später anrufen? Wir sind gerade beim Essen.
あとで電話していただけますか？　ちょうど食事中なんです。

geradeaus　まっすぐに、直進して

Gehen Sie hier nach links und dann immer geradeaus.　ここを左に行って、それから直進してください。

gern / gerne　喜んで、好んで

Ich trinke gern Kaffee.　私はコーヒーが好きです。

lieber　（gern の比較級）より好んで　[A2]

Tee oder Milch? — Ich möchte lieber einen Tee.
紅茶それとも牛乳にする？　ー紅茶の方がいいです。

am liebsten　（gern の最上級）最も好んで　[A2]

Mein Mann trinkt Kaffee am liebsten.　夫はコーヒーが一番好きです。

das Geschäft, -e　店

Das Geschäft schließt um 20.00 Uhr.　このお店は20時に閉まります。

das Geschenk, -e　贈り物

Vielen Dank für das schöne Geschenk.　素敵なプレゼントありがとう。

das Geschwister, -　（複数で）きょうだい、兄弟姉妹

Sebastian hat leider keine Geschwister.
残念だけどゼバスチャンには、きょうだいがいないんだ。

das Gespräch, -e　①会話、対話、対談、話し合い

Das Gespräch mit deinem Lehrer ist um 10 Uhr.　君の先生との面談は10時だ。

das（Telefon）Gespräch　②（電話での）通話　[B1]

Ich erwarte ein Gespräch aus Berlin.　私はベルリンから電話が来るのを待っているんです。

gestern　昨日

Gestern war Herr Linke krank.　昨日、リンケさんは具合が悪かった。

gestorben sein　死ぬ、死亡する（<sterben, stirbt, starb, ist gestorben）

Seine Frau ist gestern gestorben.　彼の妻は昨日亡くなった。

das Getränk, -e　飲み物

Sein Lieblingsgetränk ist Orangensaft.　彼の好きな飲み物はオレンジジュースだ。

die Getränkekarte　飲み物メニュー表　[A2]

Herr Ober, die Getränkekarte bitte!　ボーイさん、飲み物のメニューお願いします。

das Gewicht, -e　①目方、体重

Bei „Gewicht" schreiben Sie : 70 Kilo.　「体重」の欄には70キロと書いてください。

das Gewicht, -e　②重さ、重量　[B1]

Wie teuer ist ein Packet? — Das hängt vom Gewicht ab.
小包はいくらかかりますか？　ーそれは重量によります。

gewinnen, gewinnt, gewann, hat gewonnen
（４格に）勝つ、（くじに）当たる、（４格を）勝ち取る

Wer hat das Spiel gewonnen?　試合（ゲーム）に勝ったのは誰だ？

gewinnen, gewinnt, gewann, hat gewonnen　①（目的語なし）勝負に勝つ

Unsere Mannschaft hat gewonnen.　わがチームが勝負に勝った。

gewinnen, gewinnt, gewann, hat gewonnen
②（くじなどで）当選する、当たりくじを引く

Wir möchten so gern einmal im Lotto gewinnen.
私たちも一度ロトで当てたいものですね。

das Glas, ⸚er　①（グラスに）１杯

Ein Glas Bier bitte.　ビール１杯ください。

das Glas, ⸚er　②グラス、コップ

Eine Flasche Rotwein und zwei Gläser bitte!
赤ワイン１本とグラス２つお願い。

das Glas, ⸚er　③ガラス　[B1]

Vorsicht, der Teller ist aus Glas!　気をつけてください。そのお皿はガラス製なんです。

glauben, glaubt, glaubte, hat geglaubt　①…であると思う

Ich glaube, der Lehrer kommt gleich.　僕は先生はすぐ来ると思うよ。

glauben, glaubt, glaubte, hat geglaubt　②（３格を）信じる、（３格に）信を置く

Du kannst mir glauben, es ist nämlich so.
私のことを信じてくれていい、つまりこういうことなんだよ。

gleich　①すぐに

Ich komme gleich wieder.　私はすぐに戻ってまいります。

gleich　②同じ

Seid ihr gleich alt?　君たちは同い年なの？

gleich　③(3格にとっては)どうでもよい、関係ない(＝gleichgültig)

Das war mir ganz gleich.　それは私にはまったくどうでもいいことです。

das Gleis, -e　…番線、…番ホーム

Der ICE nach Stuttgart fährt heute von Gleis 7 ab.
本日のシュトゥットガルト行き特急は7番線から発車します。

das Glück　①幸運

Viel Glück bei der Prüfung!　試験での幸運を祈る!(試験、うまく行きますように)

das Glück　②(zum Glück で)運よく、幸運にも [A2]

Es beginnt zu regnen. Zum Glück habe ich einen Regenschirm dabei.
雨が降り出したね。私は運よく傘を持ってきていたよ。

glücklich　幸福な、幸せな

Meine Schwester ist glücklich verheiratet.
私の姉(妹)は幸福な結婚生活を送っている。
(Ich wünsche Ihnen) Ein glückliches neues Jahr!
よき一年となりますよう!＝新年おめでとう!

der Glückwunsch, ¨e　お祝いの言葉、祝辞 [A2]

Herzlichen Glückwunsch zum 30. Geburtstag!　30歳のお誕生日おめでとう!

der Grad, -e　度、度合い、(Grad Celsius で)摂氏…度

Heute ist es null Grad.　今日の気温は0度でした。

gratulieren, gratuliert, gratulierte, hat gratuliert
(3格に zu 3格に関して)お祝いを言う、祝福する

Ich gratuliere Ihnen (zum Geburtstag).　(お誕生日)おめでとうございます。

grillen, grillt, grillte, hat gegrillt　グリルする、焼き網で焼く、バーベキューをする
(ドイツ・オーストリアで。スイスでは grillieren)

Heute Abend wollen wir im Garten grillen.
今晩は庭でバーベキューをしようよ。

groß ①大きい（⇔ klein）

Mein Großvater hat einen großen Garten.　祖父には大きな庭がある。

groß ②背の高い

Wie groß bist du?　背の高さはどのくらいかな？
Der Mantel ist mir zu groß.　この外套、僕には大きすぎるよ。

groß ③年長の［B1］

Wenn das Kinder groß ist, habt ihr wieder mehr Zeit.
この子が大きくなれば、君たちにもまたもっと時間ができるよ。

groß ④はなはだしい

Ich habe großen Hunger.　お腹がぺこぺこです。

die Größe, -n　①大きさ、サイズ

Welche Größe hast du?　君のサイズはいくつ？

die Größe, -n　②身長

Größe: 180 cm, Gewicht: 90 Kilo　身長：180センチ、体重90キロ

die Großeltern　祖父母

Meine Großeltern leben in der Schweiz.　祖父母はスイスで暮らしています。

die Großmutter, ¨　祖母

Ihre Großmutter heißt Ida.　彼女のお祖母さんはイーダという名前です。

der Großvater, ¨　祖父

Sein Großvater ist schon 90.　彼のお祖父さんはもう90歳です。

die Gruppe, -n　グループ、班

Die zweite Gruppe beginnt um 17 Uhr.　第2班は17時開始です。

der Gruß, ¨e　①挨拶、(an 4格に)よろしくお伝えください

Schöne Grüße an deine Eltern.　ご両親によろしく。

der Gruß, ̈e　②（正式の手紙やメールの結び）

Mit freundlichen Grüßen　敬具（⇔呼びかけには Sehr gehrter Herr 名字／Sehr gehrte Frau 名字）

der Gruß, ̈e　③（略式の手紙やメールの結び）

liebe (beste, schöne) Grüße

草々（⇔呼びかけには Lieber Herr 名字・Lieber 男性名／Liebe Frau 名字・Liebe 女性名）

gültig　有効な、使える

Mein Pass ist nicht mehr gültig.

私のパスポートはもう使えない（有効期限が切れている）。

günstig　手頃な、好都合な

Hier gibt es günstige Angebote.　ここにいい特売品があるよ。

gut　①よい

Das finden wir gut.　それでいいと思います。

gut　②結構な

Wir kommen um 13 Uhr. — Gut!　私たちは13時に参ります。—それで結構です！

gut　③（Guten Morgen / Abend で）おはよう／今晩は！

Guten Morgen, Herr Bayer!　バイアーさん、おはようございます！

gut　④（ein gutes neues Jahr で）よき新年を

Ein gutes neues Jahr!　よき新年を！

gut　⑤（食事の前の挨拶 Guten Appetit! で）どうぞ召し上がれ

Guten Appetit!　どうぞ召し上がれ！　いただきます！

gut　⑥気分・体調・調子がよい　[B1]

Mir ist heute gar nicht gut.　今日は全然調子がよくない。

besser　（gut の比較級で）よりよい、よりよく　[A2]

Welches Hemd gefällt dir besser?　どっちのシャツのほうがいい？

83

best ①（gutの最上級で）一番よい、最もよい（der/die/das beste など）[A2]

Christian ist mein bester Freund.　クリスティアンは僕の一番の親友だ。

best ②（gutの最上級で）一番よい、最もよい（am besten）[A2]

Dieses Hemd finde ich am besten.　このシャツが一番いいと思う。

レベルA2

die Gabel, -n　フォーク

Brauchen Sie noch eine Gabel?　フォーク、もうひとつお入り用ですか？

ganz ①全体の、全部の、（den ganzen Tagで）一日中

Ich habe den ganzen Tag Schule.　明日は一日中学校がある。

ganz ②完全に、すっかり

Den Termin haben wir ganz vergessen.
その予定、私たちはすっかり忘れていました。

ganz ③まあまあ（アクセントなしで）

Ich finde Jonas ganz sympathisch.　私はヨナスをまあまあ感じのいい方だと思います。

ganz ④まったく

Wir sind ganz sicher, dass unser Termin am Diestag ist.
私たちの予約は火曜日だと確信しています。

ganz ⑤無傷の、壊れていない

Zum Glück ist meine Uhr noch ganz.　運がいいことに、私の時計は無傷なんです。

die Garage, -n　ガレージ

Hier ist eine Garage für meinen neuen Wagen.
ここが私の新車用のガレージなんです。

die Geburt, -en　誕生

Wir gratulieren zur Geburt eurer Tochter!　娘さんのご誕生、おめでとうございます。

geehrt ①（正式の手紙の書き出しで）拝啓…様

Sehr geehrte Frau Schmidt／Sehr geehrter Herr Schmidt　拝啓、シュミット様

geehrt ②（スピーチなどの呼びかけの言葉として）

Sehr geehrte Damen und Herren, …　ご来場（ご臨席）の皆さま、…

gefährlich　危険な

Du darfst nicht so schnell Auto fahren wie du willst.　Das ist gefährlich.
自分が飛ばしたいからといってそんなに車を飛ばしてはダメだ。そんなの危険だぞ。

das Gegenteil, -e　①反対、逆

Das Gegenteil von „lang" ist „kurz".　「長い」の反対は「短い」だ。

das Gegenteil, -e　②（im Gegenteil で）まったくその逆、とんでもない

Sie sind sicher müde.　— Nein, ganz im Gegenteil!
あなたはきっとお疲れでしょう。一いや、その反対です。

gegenüber（3格支配の前置詞）　①（空間）…の向かい側に

Die Post liegt direkt gegenüber dem Geschäft.
郵便局はその店の向かい側にあります。

gegenüber（名詞の後ろに置かれることも）　②（相手）…に対して、…の前では　[B1]

Mir gegenüber war Laura immer höflich.　ラウラは私にはいつだって礼儀正しかった。

gegenüber　副 向かいに

Die Hausnummer 15 war gleich gegenüber.　15番地の家屋は真向いだった。

das Gehalt, ̈er　給料、俸給

Bist du mit deinem Gehalt zufrieden?　自分の給料に満足している？

die Geldbörse, -n　財布
（オーストリアで。ドイツでは Brieftasche、スイスでは Portemonnaie / Portmonee）

Meine Tante hat wieder ihre Geldbörse verloren.
私の伯母は財布をまた失くしました。

genau ①厳密な、正確な

Hast du die genaue Zeit?　正確な時間わかる？

genau ②きちんと、ちゃんと

Deine Cousine arbeitet genau.　君の従姉妹はちゃんとした仕事をする。

genau ③正確に

Geht Ihre Uhr genau?　あなたの時計、正確に動いてますか？

genau ④ちょうど

Es ist genau 10 Uhr.　今は10時きっかりです。

genug　十分な、相当の

Es ist genug Brot für alle da.　パンは十分、みんなの分があるよ。
Wir haben jetzt lange genug gewartet.　私たちはもうずいぶん長いこと待ちました。
Er verdient nicht genug.　彼の稼ぎは十分とは言えない。

das Gerät, -e　器具、器械

Elektrogeräte finden Sie in zweiten Stock.　電化製品は3階にございます。

das Gericht, -e　裁判所　[B1]

Sein Chef hat heute Nachmittag einen Termin beim Gericht.
彼の上司は今日の午後、裁判所に行く予定がある。

das Gericht, -e　料理、一品

Mein Lieblingsgericht ist Wiener Schnitzel.
ウィーン風カツレツが私の好物です。

die Geschichte, -n　①歴史

Paula hat gute Noten in Geschichte.　パウラは歴史でいい成績を取りました。

die Geschichte, -n　②物語、お話

Jeden Abend erzähle ich meinem Kind immer eine Geschichte.
毎晩きまって私は子供にお話をひとつします。

das Geschirr （皿などの）食器（ナイフ・フォーク類は Besteck）

Für die Geburtstagsfeier brauchen wir Geschirr für 8 Personen.
誕生会には、私たちは8人分の食器が必要です。

das Gesicht, -er ①顔

Muss man sich morgens das Gesicht waschen?
顔は毎朝洗わないといけないんでしょうか？

das Gesicht, -er ②様相、顔つき

Machen Sie doch kein so trauriges Gesicht!
そんな悲しそうな顔をしないでください！

gesund 健康な、健康によい

Ich hatte Kopfschmerzen. Jetzt bin ich wieder gesund.
頭が痛かったんだけど、今はもう元気だよ。
Zu viel Salz ist nicht gesund. 塩分の摂りすぎは健康によくない。

die Gesundheit ①健康

Du musst mehr auf deine Gesundheit achten.
もっと自分の健康に留意しないといけないよ。

die Gesundheit ②（くしゃみをした人に向かって）

Gesundheit! お大事に！

das Gewitter, - 雷雨、夕立

Mein Großvater sagt, es gibt heute ein Gewitter.
お祖父さんが言うには、今日は雷雨になるって。

die Gitarre, -n ギター

Mein Bruder spielt seit 5 Jahren Gitarre. 兄（弟）がギターを弾くようになって5年です。

die Grippe インフルエンザ

Meine Mutter hat eine Grippe und kann leider nicht kommen.
母はインフルエンザにかかってしまったので、残念ですが来られません。

das Haar, -e ①毛髪、頭髪

Sie hat kurze Haare. 彼女は短髪だ。

das Haar, -e ②(動物の)毛、体毛 [B1]

Die Haare meiner Katzen liegen überall im Zimmer.
私の猫の毛が部屋中に落ちている。

haben, hat, hatte, hat gehabt ①もっている

Eberhard hat ein neues Auto. エバーハルトは新車をもっている。

haben, hat, hatte, hat gehabt ②(Zeit / Lust haben で)時間、暇がある/…する気がある [A2]

Heute habe ich viel Zeit. 今日は時間がたっぷりある。

haben, hat, hatte, hat gehabt ③(設備などが)ある、ついている [A2]

Seine Wohnung hat 5 Zimmer. 彼の住居には5部屋あります。

haben, hat, hatte, hat gehabt ④(Hunger / Durst haben で)お腹が空いている/喉が渇いている [A2]

Wir haben keinen Hunger. 私たちはお腹は空いていません。

das Hähnchen / Hühnchen, - ローストチキン、若鶏
(ドイツで。オーストリアではHend(e)l、スイスではPoulet, -s)

Bitte ein Hähnchen mit Pommes frietes !
フライドポテト添えのローストチキンを1人前ください。

die Halbpension 1泊2食付きの宿泊(Vollpension なら3食付き)

Ich möchte ein Hotel mit Halbpension.
2食付きのホテルに泊まりたいです。

die Halle, -n ホール

Treffen wir uns morgen in Halle C?
明日はCホールで会いましょうか？

88

hallo　ハロー（挨拶の言葉）

Hallo, Henri, wie geht's?　— Danke, es geht, und dir?
やあアンリ、調子はどう？　ーありがとう、まあまあだよ。で、君は？

halten, hält, hielt, hat gehalten　①停止する、停車する

Entschuldigen Sie, hält dieser Zug auch in Salzburg?
すみません、この列車はザルツブルクにも停まりますか？

halten, hält, hielt, hat gehalten　②（4格を）持っておく、放さないでおく

Kannst du mal kurz meine Tasche halten?
ちょっとの間、僕のバッグ持っていてくれる？

halten, hält, hielt, hat gehalten　③（4格 für … halten で）（4格を…と）見なす　[A2]

Er hält mich für einen guten Freund/ehrlich.
彼は私のことを親友／正直者だと思っている。

die Haltestelle, -n　停留所

An der nächsten Haltestelle müsst ihr aussteigen.
君らは次の停留所で下車しないといけない。

die Hand, ⸚e　手

Sie gibt mir die Hand.　彼女は私に（握手のために）手を差し出す。
Willst du jetzt über die Straße gehen? Gib mir deine Hand!
これから道を渡るつもりなの？　手をつなぐのよ！

das Handy, -s　携帯電話

Haben Sie ein Handy?　携帯電話はお持ちですか？

die Handynummer, -n　携帯電話番号　[A2]

Können Sie mir bitte Ihre Handynummer geben?
携帯電話番号、教えていただけますか？

das Haus, ⸚er　①家屋

Meine Eltern haben ein Haus gemietet.　両親は家を一軒借りていました。

das Haus, ⁼ er　②我が家、住まい、(nach Hasuse で)家へ

Wir gehen jetzt nach Hause.　私たちはこれから家に帰ります。

das Haus, ⁼ er　③(zu Hause で)在宅(している)[A2]

Joel war nicht zu Hause.　ヨーエルは家にいなかった。

das Haus, ⁼ er　④(von zu Hause で)自宅から、家から　[B1]

Ich rufe von zu Hause an.　私たちは自宅から電話してます。

die Hausaufgabe, -n　宿題

Meine Schwester hilft mir immer bei den Hausaufgaben.
姉(妹)が私の宿題にいつも手を貸してくれます。

die Hausfrau / der Hausmann　主婦／主夫

Der Hausmann/die Hausfrau wäscht, kocht und geht einkaufen.
主夫／主婦というのは洗い物をし、料理をし、買い物に行くものです。

die Heimat, -en　(通例、単数で)故郷

Ich lebe jetzt hier in China. Das ist meine zweite Heimat.
私は今、ここ中国で暮らしています。ここは私の第二の故郷です。

heiraten, heiratet, heiratete, hat geheiratet　(4格と)結婚する

Seine Schwester heiratet einen Russen.　彼の妹はロシア人男性と結婚する。

heißen, heißt, hieß, hat geheißen　①…という名である

Wie heißt du? — Ich heiße Elena.
君のお名前は？　—エレーナって言うの。

heißen, heißt, hieß, hat geheißen　②…と称する

Wie heißt das auf Französisch?
これはフランス語では何と言うのですか？

helfen, hilft, half, hat geholfen　①(3格に)手を貸す、手伝う、助ける

Können Sie mir bitte helfen?　私に手を貸していただけませんか？

helfen, hilft, half, hat geholfen　②（3格の）役に立つ、薬などが（3格に）効く　[B1]

Die Tabletten haben meinem Vater gut geholfen.
この錠剤は父にはよく効きました。

helfen, hilft, half, hat geholfen　③（3格 bei ... で）（3格の…を）手伝う

Mein Bruder hilft mir bei der Hausarbeit.　兄（弟）が私の宿題を手伝ってくれます。

hell　明るい（⇔ dunkel）

Nun ist es schon bis nach 20 Uhr draußen hell.　今は20時を過ぎても外は明るいです。

hell-　（形容詞の前につけて）淡い…、明るい…　[A2]

Haben Sie das T-Shirt auch in hellblau?　このTシャツ、ライトブルーのもありますか？

der Herd, -e　レンジ

In meiner neuen Küche fehlt noch der Herd.
私の新しい台所には、まだレンジがないんです。

(der) Herr(, -en)　…さん（男性につける敬称）

Guten Tag, Herr Müller!　ミュラーさん、こんにちは！

der Herr, -en　殿方、紳士、男性

Da ist ein Herr, der möchte dich sprechen.
あそこに男性が1人いるだろう、あの人が君と話したがっているんだ。

herzlich　心から

Herzlichen Glückwunsch!　心からおめでとう

heute　今日

Heute ist mein Geburtstag.　今日は私の誕生日。
Heute müssen wir bis 20 Uhr arbeiten.　今日は私達、20時まで働かないといけないんだ。

heutig　今日の、現代の　[B1]

Die heutigen Computer können viel mehr als noch vor 10 Jahren.
今日のコンピュータは10年前より、はるかに多くのことができる。

hier ①ここに、こちらに

Hier wohnt meine Schwester.　ここに私の姉(妹)が住んでいます。

hier ②(von hier で)ここから

Von hier hat man eine schöne Aussicht.　ここからの眺望は素晴らしいです。

hier ③(Hier ist / sind などで)ここに…がある

Hier sind 2 Wege.　ここには道が2つあるんです。

hier ④(Hier ist / spricht ... で)こちら…です(電話の応対など)

Hier ist / spricht Patrick Steiner.　こちらパトリック・シュタイナーです。

die Hilfe, -n　(通例、単数で)助け、助力、手伝い

Brauchst du meine Hilfe?　私の手伝いが必要?

hinten ①後ろに、後ろで(⇔ vorne)

Wo möchten Sie sitzen? Hinten oder vorne?
どこに座りたいですか?　前の方?　それとも後ろの方?

hinten ②後部で、後部から [A2]

Bitte hinten einsteigen!　後ろのドアからご乗車ください!

das Hobby, -s　趣味

Mein Hobby ist Wandern.　私の趣味は山歩きです。

hoch ①高さの

Der Berg ist fast 2 000 m hoch.　あの山の高さはおよそ2000メートルだ。

hoch ②高いところに [B1]

Sein Hotel liegt hoch über dem See.　彼のホテルは湖から見て高い所にある。

hoch ③高額の [A2]

Die Benzinpreise waren nicht so hoch.
ガソリン価格はそれほど高くはなかった。

die Hochzeit, -en　結婚式、婚礼

Zu ihrer Hochzeit kommen mehr als 100 Gäste.
彼らの結婚式には100人以上の客がくる。

holen, holt, holte, hat geholt　①（4格を）持ってくる

Raphael holt zwei Flaschen Wasser aus der Küche.
ラファエルは台所から水を2本持ってくる。

holen, holt, holte, hat geholt　②（4格を）呼んでくる　[B1]

Warum hast du nicht sofort einen Arzt geholt?
どうして君はすぐに医者を呼ばなかったの？

hören, hört, hörte, hat gehört　（4格を）聞く

Hören Sie mal! Was ist das?
まあ聞いてください！　これは何ですか？
Dieses Lied hat der Mann noch nie gehört.
この歌をあの男は一度も聞いたことがなかったのだ。

das Hotel, -s　ホテル

Im Urlaub waren wir in einem Hotel am See.
休暇中私たちは湖畔のホテルに滞在していた。

der Hund, -e　イヌ

Ist ein Hund mit 10 Jahren schon alt?
10歳の犬って、もう老犬ですか？

der Hunger　空腹、（Hunger haben で）お腹が空いている

Möchtest du Nudeln? — Nein danke, ich habe keinen Hunger.
パスタはいかがですか？　ーいえ結構です、お腹が空いていないんです。

hungrig　空腹の　[B1]

Er war sehr hungrig.
彼は大変お腹を空かせていた。

der Hals, ¨e　のど、くび

Mein Hals tut weh.　私は咽喉が痛い。

Fabian hat seit gestern Halsschmerzen.　ファビアンは昨日から咽喉が痛いのです。

der Hamburger, -　ハンバーガー

Einen Hamburger mit Salat, bitte.　ハンバーガー、サラダ付きをひとつください。

das Handtuch, ¨er　タオル

Gibst du mir bitte ein trockenes Handtuch?　乾いたタオルを1本とってくれない？

hängen, hängt, **hing**, hat **gehangen**　①掛かっている

Das Bild hing nicht gerade.　絵はまっすぐに掛かっていなかった（傾いて掛かっていた）。

hängen, hängt, **hing**, hat **gehangen**　②…に（場所）掛かっている

Das Bild von meiner Cousine hat im Wohnzimmer gehangen.
従姉妹の絵／写真が居間に掛かっていました。

hängen, hängt, **hängte**, hat **gehängt**　（4格を）…へ（方向）掛ける

Ich hänge das Bild an die Wand.
私は絵を壁に掛ける。

Hast du die Jacke wieder in den Schrank gehängt?
上着をまたタンス（ロッカー）の中に掛けておいた？

hart　①固い、硬い（⇔ weich）

Das Bett im Hotel war ihr zu hart.　ホテルのベッドは彼女には硬すぎた。

hart　②厳しい　[B1]

Sie haben eine harte Woche vor sich. Sie müssen jeden Tag Überstunden machen.
彼らには厳しい1週間がひかえている。毎日、超過勤務をしなくてはならないのだ。

hart　③きつい、つらい、骨の折れる　[B1]

Sein Großvater hat hart gearbeitet, um die Wohnung zu bezahlen.
彼の祖父は、住宅の支払いをするために、つらい仕事をしてきた。

hässlich みにくい、みっともない、ぶざまな

Die Geschichte vom hässlichen Entlein ist ein Märchen von Andersen.
みにくいアヒルの子のお話はアンデルセンの童話です。

die Hauptstadt, ¨e 首都

Wien ist die Hauptstadt von Österreich. ウィーンはオーストリアの首都です。

der Haushalt, -e 家事、家政

Mein Mann kümmert sich um den Haushalt, d. h. er putzt, wäscht, kocht und geht einkaufen. 夫が家事をやっています、つまり掃除、洗濯、料理と買い物をしています。

das Heft, -e 小冊子、パンフレット、(Schreibheft で)ノート、帳面

Mein Sohn hat sich ein Schreibheft gekauft.
私の息子はノートを一冊買いました。

heiß ①熱い

Ich mache Ihnen einen heißen Tee. 熱い紅茶を入れてあげますよ。

heiß ②(非人称主語 es と)暑い

In meinem Zimmer ist es heiß, zu heiß! 私の部屋は暑い、暑すぎるんです！

die Heizung, -en 暖房設備

Es ist kalt. Funktioniert die Heizung nicht richtig?
寒いな。暖房がちゃんと動いていないのかな？

das Hemd, -en シャツ

Niklas trägt heute ein neues Hemd. ニークラスは今日は新品のシャツを着ています。

her 分離動詞の前綴りとして、基礎動詞に「話者への方向」、「出所や起源」、「仕上げ」などの意味を加える

herkommen こちらへやって来る　herhaben 手にいれている　herstellen 製造する　など

her 副 こちらへ (⇔ hin)

Komm her zu uns! 私たちはこっちよ、来て！

her- 方向を示す副詞につける前綴りで、「こちらへ」という意味を加える

Hier herein, bitte! こっちです、中へどうぞお入りください！

-her 「こちらへ」という意味を加える後綴り

Woher kommen Sie? ご出身はどちらですか？（＝どこから来たのですか？）

heraus / raus 分離動詞の前綴りとして、「こちらの外へ」という意味を基礎動詞に加える

herauskommen 外へ出てくる herausbringen 中から外へ運び出す など
Können Sie bitte den Müll rausbringen? ゴミを外に出してくださいませんか？

herein / rein 副（外から話者に向かって）中へ

Herein! Die Tür ist offen.
（ノックの音への反応）どうぞお入りください。ドアにはカギがかかっていません。
Möchten Sie reinkommen? 中にお入りになりませんか？

herstellen, stellt her, stellte her, hat hergestellt （4格を）生産する、製造する

Wer stellt die Schokolade her? このチョコレートは誰が作っているのですか？

der Hersteller, - メーカー

Ihr Handy ist kaputt? Wir schicken es an den Hersteller zurück.
ケータイが壊れたのですか？ 当店からメーカーに返送いたします。

herunter (runter) laden, lädt herunter, lud herunter, hat heruntergeladen
（4格を）ダウンロードする

Wir haben uns Musik aus dem Internet heruntergeladen.
私たちは音楽をインターネットからダウンロードしたんです。

der Himmel （通例、単数で）空

Gestern war so tolles Wetter: Der Himmel war blau.
昨日は素晴らしい天気だった。空が青かったんだ。

hin ①分離の前綴りとして「向こうへ」の意味を基礎動詞に加える

hingehen 出かけていく hingeben 引き渡す など

hin ②副 向こうへ、あちらへ

Wo willst du hin?　どこに行くつもりなの？

hin- ①副詞に「向こうへ」の意味を加える前綴り、(hinaus で)中から向こう側の外へ

Olivia geht in den Garten hinaus.
オリヴィアは(家から出て)庭に入っていく。

hin- ②(hinein で)外から向こうの中へ

Nepomuk geht ins Haus hinein.
ネポムクは(外から)家の中に入っていく。

-hin 「向こうへ」という意味を作る後綴り

Wohin ist Rita gegangen?　— Ich glaube dorthin.
リタはどこへ行ってしまったんだろう？　―あっちの方だと思うよ。

hinter(3・4格支配の前置詞)　①(3格名詞とともに)後ろで

Hinter dem Haus hat meine Nachbarin einen kleinen Garten.
お隣さんは家の後ろに小さな庭を持っている。

hinter(3・4格支配の前置詞)　②(4格名詞とともに)後ろへ

Fahren Sie Ihr Auto bitte hinter das Haus.
車を家の裏へ動かしてください。

hinter- (形容詞として)後ろの

Da ist der hintere Eingang!
裏口はあそこだ！

hoffen, hofft, hoffte, hat gehofft　①(dass ... を)望む

Ich hoffe, dass du zu meinem Geburtstag kommen kann.
僕は誕生日には君に来てもらいたいんだ。

hoffen, hofft, hoffte, hat gehofft　②(auf 4格を)期待している [B1]

Die Jungen hoffen alle auf besseres Wetter.
男の子たちはみな天気がよくなることを期待している。

hoffentlich　望むらくは、…だといいのだが

Hoffentlich hat unser Flugzeug keine Verspätung.
私たちの飛行機に遅れがないといいんですけど。

die Hoffnung, -en　希望　[B1]

Man darf die Hoffnung nie verlieren.
決して希望をなくしてはいけない。

die Hose, -n　ズボン

Möchten Sie die Hose etwas kürzer machen?
このズボン、もう少し短くなさりたいのですか？

husten, hustet, hustete, hat gehustet　咳をする

Das Mädchen hat die ganze Nacht gehustet.
あの女の子は一晩中咳をしていたんです。

der Husten, -　（通例、単数で）咳、咳払い　[B1]

Hast du ein Medikament gegen Husten?
咳止め薬、持っている？

ich （1人称単数代名詞の1格形）私は

Ich komme aus Graz.　私はグラーツ出身です。

ihm / ihr / ihm （3人称単数代名詞er/sie/esの3格形）…に、…から

Du gibst ihm/ihr/ihm ein Bilderbuch.
君は彼に／彼女に／その子(その女の子、子供など中性名詞を受けて)に絵本をあげます。

ihr(所有冠詞／不定冠詞型の語尾をつける)　①彼女の

Können Sie mir ihre Adresse zeigen?
彼女のアドレス、教えていただけませんか？

ihr(所有冠詞／不定冠詞型の語尾をつける)　②彼女らの／彼らの

Hier sind ihre Bücher.　彼女ら(彼ら)の本はここにあります。

ihr(親称2人称複数形代名詞の1格)　③君たちは

Seid ihr von hier?　君らはここの出身なの？

Ihr(所有冠詞／不定冠詞型の語尾をつける)　あなたの、あなたがたの

Wo sind Ihre Eltern?
あなたのご両親はどこにおられますか？

immer　いつも

Herr Baumann kommt immer zu spät.　バウマンさんはいつも遅刻します。

in(3・4格支配の前置詞)　①(3格名詞と)…に、…で

Mein Bruder wohnt in Taiwan.　私の兄は台湾に住んでいます。
Seine Wohnung ist im vierten Stock.　彼の住まいは5階にある。

in　②(im＋月で)…月に

im Januar, März, Mai, ...　1月に、3月に、5月に　など

in　③(im＋四季で)(四季)に

im Frühling / Sommer / Herbst / Winter　春／夏／秋／冬に

in ④…後に、…経ったら

Der Bus kommt in 10 Minuten.　バスは10分後に来ます。

in ⑤（4格名詞と）中へ、（ins Kino/Theater/Museum/Konzert gehen で）映画(劇、美術館、コンサート)に行く

Wollen wir heute ins Kino gehen?　今日は映画を観に行かないか？

die Information, -en　①情報、知らせ、案内

Haben Sie diese Informationen genau gelesen?
これらのお知らせをきっちりとお読みなりましたか？

die Information, -en　②案内所

Gehen Sie bitte zur Information, wenn Sie Fragen haben.
わからないことがあったら、インフォメーションに行ってください。

international　国際的な

Unser Englischkurs ist international.
私たちの英語コースは国際的です。(各国からの生徒がいます)
Der Professor ist international bekannt.
あの教授は国際的に名前が知られている。

das Internet, -s　インターネット

Das hast du im Internet gefunden.　それを君はネットで見つけたのですね。

レベルA2

die Idee, -n　考え、思いつき

Sie wollen ein Picknick machen? Ich finde die Idee gut.
ピクニックに行かれるのですか？　それはいい考えだと思いますよ。

informieren, informiert, informierte, hat informiert
①(über 4格について 4格に)通知する

Wir informieren Sie morgen über die Prüfungstermine.
試験時間については明日皆さんにお知らせします。

100

sich⁴ informieren, informiert, informierte, hat informiert
②（über 4格について）照会する、調べる

Sie müssen sich vor der Reise genau über die Bedingungen informieren.
旅行の前に、その条件について厳密に調べないといけませんよ。

die Insel, -n　島

Ich würde diesen Sommer gerne auf der Insel Awaji Ferien machen.
この夏休みは淡路島で過ごしたいです。

das Instrument, -e　器械、器具、（Musikinstrument で）楽器

Meine Schwester spielt Klavier. Spielt du auch ein Musikinstrument?
姉(妹)はピアノを弾きます。君も何か楽器をやるの？

intelligent　聡明な、知的な

Maria und Morris sind sehr intelligent. Sie können sehr gut rechnen.
マリアとモーリスはとっても頭がいいんだ。彼らは計算がすごく上手だ。

das Interesse, -n　興味、関心

Seine Großvater hatte viele Interessen: Sport, Lesen, Kochen usw.
彼のおじいさんはいろいろなことに関心があった、スポーツ、読書、料理など。

interessieren, interessiert, interessierte, hat interessiert
①（4格の）興味を引く、（4格の）興味を掻き立てる

Das Thema „Kunsterziehung" interessiert mich sehr.
「美術教育」というテーマに私は大いに興味をもっています。

sich⁴ interessieren, interessiert, interessierte, hat interessiert
②（für 4格に）興味を持つ

Onkel Otto interessiert sich sehr für Fußball.
オットー伯(叔)父さんはサッカーにとても興味がある。

interessiert sein　（an 3格に）興味がある　[B1]

Meine Nachbarin soll nächsten Monat ausziehen. Bist du noch an der Wohnung interessiert?
お隣さんの女性は来月引っ越すそうです。いまでも君はこの住居に関心があるのかな？

interessant　興味深い

Heute habe ich einen interessanten Bericht gelesen.

今日私は興味深い記事を読んだ。

Wir finden den Artikel über Ukraine sehr interessant.

私たちはウクライナに関する記事を大変興味深いと思う。

das Interview, -s　インタビュー

Hast du im Fernsehen das Interview mit zwei Fußballspielern gesehen?

テレビで、サッカー選手ふたりへのインタビュー見た？

ja ①はい（肯定の答え）

Sind Sie Herr Nakamura? ― Ja.　ナカムラさんですか？　ーはい、そうです。

ja ②（驚き）じゃないか、まったく＜心態詞＞ [A2]

Sie sind hier in Wien? Das ist ja toll!　あなた、ウィーンに来ていらしたんですね？ すごいじゃない。

die Jacke, -n　上着、ジャケット

Ziehen Sie sich eine Jacke an. Es ist kalt.　ジャケットを羽織ってください。寒いですよ。

jed-（定冠詞の語尾を用いる）①いずれの…、どの…も

Jedes Kind bekommt ein Geschenk.　どの子もプレゼントをもらいます。

jed-（定冠詞の語尾を用いる）②どの…でも、いずれの…でも

Zeitungen kannst du in jedem Bahnhof kaufen.　新聞はどの駅でも買えるよ。

jed-（定冠詞の語尾を用いる）③毎…（jeden Tag / Morgen / Abend など）[A2]

Der Supermarkt hat jeden Tag geöffnet.　あのスーパーは毎日、開いていた。

jetzt　今

Jetzt müssen wir nach Hause.　もう家に帰らねばなりません。

der Job, -s　アルバイト、仕事

Bianca hat einen Job bei der Post gefunden.　ビアンカは郵便局のバイトを見つけた。

der Jugendliche, -n / **die Jugendliche**, -n
未成年（男性）／未成年（女性）：14歳から18歳の男女

Die Jugendlichen gehen gerne einkaufen.　若い人たちはショッピングに行くのが好きだ。

jung ①幼い（⇔ alt）

Für diesen Film seid ihr noch zu jung.　君たちはまだこの映画を観る年齢ではないな。

jung ②若々しい

Unsere Mutter ist jung geblieben.　うちの母さんは若々しいままだった。

jung ③若い

Barbara ist 20. — Wirklich? Noch so jung?
バルバラは20歳なんだ。―本当に？　まだそんなに若いの？

der Junge, -n　男の子(北ドイツで。南ドイツ・オーストリア・スイスではBub)

Mein Freund hat 3 Kinder. Einen Jungen und 2 Mädchen.
私の友人は3人の子持ちだ。男の子が1人と女の子が2人。

レベルA2

die Jeans　(複数で)ジーンズ

Junge Leute tragen gern Jeans.　若い人たちはジーンズが好きだ。

jemand　(不定代名詞として)誰かある人が(男女の区別なし)

Hat jemand einen Füller für mich?　誰か私にペン貸してくれない？
Hallo, ist jemand da?　こんにちは、誰かいませんか？

jemand(en)　誰かある人を [B1]

Kennen Sie jemand(en), der mir ein Fahrrad leihen kann?
私に自転車を貸してくださる方を知りませんか？

joggen, joggt, joggte, ist / hat gejoggt　ジョギングする

Carsten joggt oft im Park.　カルステンはよく公園の中をジョギングしています。

die Jugendherberge, -n　ユースホテル

Wo wirst du übernachten? — In einer Jugendherberge.
どこに泊まるの？　―ユースホステルだよ。

jünger(jungの比較級)　(jünger als で)…より若い

Mein Bruder ist 5 Jahre jünger als ich.　弟は私の5歳下なんです。

jüngst(jungの最上級)der / die / das jüngste
一番若い(Jを大文字にすると名詞化)

Ich bin in unserer Familie die Jüngste.　家族の中では私が一番若い(女性)です。

【K】 レベルA1

der Kaffee, - (種類を言う場合の複数形は -s)　①コーヒー

Zum Frühstück trinkt mein Vater sehr gerne Kaffee.
父は朝食にコーヒーを飲むのがとても好きなんです。

der Kaffee, - (種類を言う場合の複数形は -s)　②(einen Kaffee で)コーヒーを1杯

Einen Kaffee, bitte!　コーヒーをひとつお願いします！

der Kaffee, - (種類を言う場合の複数形は -s)　③(4格 zum Kaffee einladen で)(4格を)コーヒーに招待する、(4格に)コーヒーをおごる [B1]

Ich bin bei Schneiders zum Kaffee eingeladen.
私はシュナイダーさんの家のお茶に呼ばれている。

der Kaffee, - (種類を言う場合の複数形は -s)　④(eine Packung Kaffee で)コーヒー1袋(など) [B1]

Ich muss noch eine Packung Kaffee kaufen.
コーヒーもう一袋買わないといけないんです。

kaputt　①壊れた

Unser Kaffeemaschine ist kaputt.　うちのコーヒーメーカーは壊れています。

kaputt　②へとへとの、疲労困憊の [B1]

Warum bist du so kaputt nach der Arbeit?
どうして仕事のあと、そんなにへとへとになるの？

die Karte, -n　①絵はがき (= Ansichtskarte, Ansichtspostkarte)

Schreibst du mir eine Karte aus Japan?　日本から絵葉書を書いてくれる？

die Karte, -n　②メニュー(=Speisekarte)

Herr Ober, können Sie uns bitte die Speisekarte bringen?
ボーイさん、すみませんが私たちにメニューを持ってきてくれませんか？

die Karte, -n　③(トランプなどの)カードゲーム

Kinder spielen Karte(n) sehr gern.　子供はトランプ遊びが大好きです。

105

die Karte, -n　④（クレジット）カード（＝Kreditkarte）

Kann man auch mit Karte (be)zahlen?　カード払いもできるのですか？

die Karte, -n　⑤切符（＝Fahrkarte）

Diese Karte ist nur für die 2.(zweite) Klasse gültig.
この乗車券は2等車でだけ使えます。

die Karte, -n　⑥入場券（＝Eintrittskarte）[A2]

Haben Sie schon die Karten für das Konzert gekauft?
コンサートの入場券、ご購入済みでしょうか？

die Karte, -n　⑦地図（＝Landkarte）[B1]

Mein Freund aus Japan hat eine Karte von Süddeutschland.
日本から来た私の友人は、南ドイツの地図をもっている。

die Chipkarte, -n　ICカード　[B1]

Hast du eine Chipkarte für diesen Automaten?
このATMで使えるICカードもってるの？

die Kartoffel, -n　ジャガイモ（オーストリアでは Erdapfel）

Ich esse sehr gern Kartoffeln.
私はポテトが大好きなんです。

die Kasse, -n　レジ、勘定窓口、キャッシャー（オーストリアでは Kassa）

Bitte zahlen Sie vorne an der Kasse!
この先にあるレジでお支払いください。

sich³ kaufen, kauft, kaufte, hat gekauft　（4格を）買う、購入する

Hast du dir einen Pullover gekauft?
セーターを買ったの？

kein　（否定冠詞として名詞の前に置く）ひとつも（ひとりも）…ない

Wir haben leider heute keine Zeit.　私たち、今日は残念ですが、時間がないんです。
Jetzt hat mein Kind noch keinen Hunger.　うちの子はまだお腹が空いてないんです。

106

keiner （不定代名詞）ひとつも（ひとりも）…ない（男性1格 keiner／女性 keine／中性 kein(e)s／複数 keine　4格形 keinen／keine／kein(e)s／keine）[B1]

Was für ein Auto haben Sie? — Ich habe keins.
どんな車をお持ちなんですか？　ー持ってないんです。

kennen, kennt, kannte, hat gekannt
①（直接見たり聞いたりした体験から）（4格を）知っている

Kennen Sie hier in der Nähe ein gutes Restaurant?
この近くでいいレストランをご存じですか？

Kennen Sie Wien? — Ja, eine schöne Stadt.
ウィーンに行ったことありますか？　ーええ、きれいな街ですよね。

kennen, kennt, kannte, hat gekannt　②（4格と）面識がある、知り合いである

Kennen Sie dieses Mädchen? — Nein, leider nicht.
この女の子、ご存じですか？　ーいや、残念ながら面識はありません。

kennenlernen, lernt kennen, lernte kennen, hat kennengelernt
①（4格と）知り合いになる

Ich bin neu hier. Ich möchte Sie kennenlernen.
私はここでは新顔です。皆さんと知り合いになりたいです。

kennenlernen, lernt kennen, lernte kennen, hat kennengelernt
②（4格を）知る

Mein Bruder reist gern. Er möchte andere Länder kennenlernen.
兄は旅行好きです。よその国を知りたいんです。

sich⁴ kennenlernen, lernt kennen, lernte kennen, hat kennengelernt
③互いに知り合いになる（sich は相互代名詞）

Wann und wo habt ihr euch kennengelernt?
君たちはいつどこで知り合われたんですか？

das Kind, -er　子供

Nicks Bruder hat zwei Kinder.　ニックの兄さんには子供が2人いる。
Kinder spielen gern Fußball.　子供はサッカーをするのが好きだ。

der Kindergarten, ⸚ 幼稚園、(in den Kindergarten gehen で)幼稚園に行く、通う

Mein Sohn geht schon in den Kindergarten. 私の息子はもう幼稚園に通っている。

das Kino, -s ①映画館

Ich sehe morgen Abend im Kino einen schönen Film.
明日の晩は、映画館でいい映画を観るんだ。

das Kino, -s ②(ins Kino gehen で)映画を観に行く [A2]

Gehen Sie ins Kino? 映画を観に行かれるんですか？

der Kiosk, -e （駅・街頭の)売店

Zeitungen bekommen Sie am Kiosk. 新聞は売店(キオスク)で買えますよ。

klar ①明らかな

Du musst noch mehr Mathe lernen. — Ja, das ist mir klar.
数学もっと頑張らないとね。―うん、自分でもわかってる。

klar ②当然の、もちろん

Kommst du morgen mit? — Klar! 明日一緒に行くかい？ ―もちろんだよ。

klar ③(doch klar で)明々白々な [A2]

Wir kommen zu deinem Geburtstag, das ist doch klar.
私たちは君の誕生日に行くよ、そんなのあたりまえじゃないか。

klar ④明確な [B1]

Leider habe ich bei der Bahn keine klare Auskunft bekommen.
鉄道会社に聞いたけど、はっきりした情報はもらえなかったんだ。

die Klasse, -n ①クラス

In der Klasse waren 40 Schülerinnen und Schüler. そのクラスは生徒が男女合わせて40名だった。

die Klasse, -n ②等、級

Einmal nach Klagenfurt, 1.(erster) Klasse, bitte.
クラーゲンフルトまで片道、一等車(の乗車券)をお願いします。

die Klasse, -n　③学年 [B1]

Im Herbst kommt Ellen in die 6.(sechste) Klasse.
エレンは、秋が来れば第６学年になる。

die Kleidung　衣服

Hier brauchen Sie im Sommer keine warme Kleidung.
当地では夏場は暖かめの衣類は必要ないです。

klein　①小さい（⇔groß）

Meine Wohnung ist sehr klein.　私の住まいはとても小さいです。

klein　②（年齢が）小さい、幼い

Unsere Kinder sind noch klein.　うちの子供はまだ小さいんです。

klein　③ちょっとした、ささやかな [A2]

Wir machen am Wochenende einen kleinen Ausflug.
週末にちょっとしたハイキングをします。

kochen, kocht, kochte, hat gekocht　①調理する、料理する

Mein Onkel kocht auch gern.　私の伯(叔)父も料理好きです。

kochen, kocht, kochte, hat gekocht　②沸く、沸騰する

Das Wasser kocht.　お湯が沸いています。

kochend　沸いている、沸騰している（< kochen の現在分詞形）[B1]

Wie viel Grad hat kochendes Wasser?　沸いたお湯は何度ですか？

der Kollege, -n / die Kollegin, -nen　同僚

Wie heißt deine neue Kollegin?
君の新しい同僚はなんていう名前なの？

kommen, kommt, kam, ist gekommen　①（aus 3格の）出身である

Woher kommen Sie? — Aus der Schweiz.
ご出身は？　ースイスです。

kommen, kommt, kam, ist gekommen
②（相手や自分の関心が向いている方へ）行く

Kommen Sie mit ins Schwimmbad?　一緒にプールに行きませんか？

kommen, kommt, kam, ist gekommen　③来る

Komm doch mal wieder zu mir.　また私のところに来てね。

können, kann, konnte, hat gekonnt（本動詞として使われた場合）/ hat können（助動詞
として使われた場合）　①（助動詞の用法：文末の動詞不定形とともに）…できる

Das kleine Kind kann den Koffer nicht tragen.
あの小さな子供ではこのスーツケースは運べない。

können, kann, konnte, hat gekonnt（本動詞として使われた場合）/ hat können（助動詞
として使われた場合）　②（依頼）…してもらえませんか？

Können Sie uns helfen?　私たちに手を貸してもらえませんか？

können, kann, konnte, hat gekonnt（本動詞として使われた場合）/ hat können（助動詞
として使われた場合）　③（本動詞の用法＝文末には動詞なし）…する能力がある、…がで
きる

Alma kann sehr gut Französisch und Deutsch.
アルマはフランス語とドイツ語がとてもよくできる。

das Konto, Konten　①口座

Möchten Sie bei uns ein neues Konto eröffnen?　新規に口座を開設されたいのですか？

das Konto, Konten　②（auf ... Konto überweisen で）…の口座に送金する、振り込む

Das Geld überweise ich am 15.（fünfzehnten）Juli auf dein Konto.
7月15日に君の口座にそのお金を送金するよ。

das Girokonto, -en　振替口座　[B1]

Unser Girokonto kostet gar nichts.　私たちの振替口座は手数料がかからない。

der Kopf, ¨ e　①頭

Der Kopf tut mir weh!　頭が痛いんだ！

der Kopf, ￪e ②(im Kopf rechnen で)暗算する ［B1］

Matthias kann gut im Kopf rechnen. マチアスは暗算がよくできるんだ。

kosten, kostet, kostete, hat gekostet （費用が）かかる、値段である

Wie viel kostet das Hemd? — 50 Euro. そのシャツいくらしたの？ －50ユーロだよ。

krank 病気の

Warst du zwei Wochen krank? 君は2週間具合が悪かったの？

die Kreditkarte, -n クレジットカード ［B1］

Sie können auch mit Kreditkarte zahlen. クレジットカードでのお支払いもできます。

kriegen, kriegt, kriegte, hat gekriegt ①受け取る、もらう、手に入れる

Hast du meinen Brief gekriegt? 私の手紙、届いている？

kriegen, kriegt, kriegte, hat gekriegt ②買う、注文する ［A2］

Was kriegen Sie? — 2 Brötchen, bitte.
何がいいですか？ －小さい丸パンふたつください。

die Küche, -n ①台所

Mein Onkel sucht eine Wohnung mit 4 Zimmern, Küche und Bad.
伯(叔)父は台所、ふろ場、それから4部屋ある住居を探している。

die Küche, -n ②(単数で)料理 ［B1］

Ich mag chinesische Küche. 僕は中華料理が好きなんだ。

der Kuchen, - ケーキ

Hat dein Freund einen Kuchen gebacken? 君のボーイフレンドがケーキを焼いたの？

der Kugelschreiber, - ボールペン

Wo ist mein Kugelschreiber? 私のボールペンはどこかな？

der Kühlschrank, ￪e 冷蔵庫

Stell die Orangen in den Kühlschrank! そのオレンジは冷蔵庫の中に入れてね！

kulturell 文化（上）の

Unsere Tochter ist kulturell interessiert. Sie geht oft ins Museum.
うちの娘は文化に興味があって、よく美術館に行っています。

sich⁴ kümmern, kümmert, kümmerte, hat gekümmert
①（um 4 格の）面倒をみる

Ich muss mich um die kleine Kinder kümmern.
私は幼い子供たちの世話をしないといけないのです。

sich⁴ kümmern, kümmert, kümmerte, hat gekümmert
②（um 4 格について）心を配る、気にかける ［A2］

Meine Mutter kümmert sich um das Essen.　私の母は食事に気を配ってくれます。

der Kunde, -n / **die Kundin**, -nen　顧客

Ich habe einen Kunden verloren.　私は顧客をひとり失いました。

der Kurs, -e　コース

Ich will regelmäßig einen Russischkurs.
私はロシア語コースに定期的に通うつもりです。

kurz　①短い（⇔ lang）

Ronald hat kurze Haare.　ロナルドは短髪だ。

kurz　②（時間が）短い

Kann ich Sie nur kurz sprechen?　少しだけあなたとお話しできませんか？

レベルA2

der Kalender, -　カレンダー、行事予定表

Haben Sie den Arzttermin in Ihrem Kalender notiert?
診察の予約日時をカレンダー（予定表）にメモしましたか？

kalt　①（非人称主語 es とともに）寒い

Es ist sehr kalt heute.　今日は大変寒い。

kalt ②冷たい

Sie haben ja ganz kalte Hände.　あなたの手はほんとに冷たいですね。

kalt ③冷えた、さめた

Das Mittagessen ist kalt geworden.　お昼ご飯はさめてしまった。

kalt ④（形式的に置かれる es が省かれて 3 格とともに）（3 格は）寒い、寒気がする

Mir ist kalt. Machen Sie bitte die Heizung an.
私は寒いんです。ヒーターのスイッチを入れてください。

kalt essen　火を使わずに作った料理を食べる（⇔ warm essen）[B1]

Abends esse ich immer kalt.　夕飯はいつも火を使わない料理ばかりです。

die Kälte　寒さ（⇔ Wärme）[B1]

Bei dieser Kälte kann ich nicht mit dem Fahrrad fahren.
この寒さでは自転車では行けないなあ。

die Kamera, -s　カメラ

Ich habe nur eine alte Kamera.　私は古いカメラしか持っていません。

der Käse, -（通例、単数で）　チーズ

Möchten Sie Käse aufs Brot?　パンにチーズをのせますか？

die Katze, -n　猫

Seine Schwester wünscht sich eine Katze.　彼の姉さんは猫をほしがっている。

das Kaufhaus, ¨er　デパート、百貨店

Meine Pullover kaufe ich immer im Kaufhaus.　私はセーターはいつもデパートで買っています。

der Keller, -　地下室

Dein Keller ist besonders groß.　君の家の地下室は特に広いな。

die Kenntnis, -se（通例、複数で）　知識

Ihre Englischkenntnisse sind schon gut!　あなたの英語の知識（英語力）はもう大したもんです！

die Kette, -n　鎖、ネックレス（＝ Halskette）

Meine Mutter hat zum Geburtstag eine goldene Kette bekommen.
母は誕生日に金のネックレスをもらった。

die Kirche, -n　教会

Diese Kirche ist aus dem 17.（siebzehnten）Jahrhundert.
この教会は17世紀に作られたものです。

klappen, klappt, klappte, hat geklappt　うまくいく

Wie war die Reise nach Italien?　— Gut. Es hat alles gut geklappt.
イタリア旅行はどうでした？　一万事うまくいきましたよ。

das Klavier, -e　ピアノ

Jochen kann sehr gut Klavier spielen.　ヨッヘンはピアノが上手に弾けます。

das Kleid, -er　ドレス、ワンピース

Ich möchte mir noch ein neues Kleid kaufen.
もう1着、新しいドレスが買いたいなあ。

klug　利口な

Wir halten das Mädchen für klug.　私たちはこの女の子を利発だと思う。
Das ist ein kluger Hund.　これは賢い犬だ。
Das ist klug von dir.　それは賢い選択だな。

komisch　①おかしい、妙な

Das Essen hat komisch geschmeckt, nicht wahr?　あのご飯、妙な味がしなかった？

komisch　②こっけいな、変な

Eine gelbe Hose und rote Schuhe? Das sieht komisch aus.
黄色のズボンに赤い靴？　変な感じだよ。

können　[活用はレベルA1へ] ①…して構わない

Können wir jetzt nach Hause gehen?
もう、うちに帰って構いませんか？

können ②(es kann sein, dass ... で)…かもしれない [B1]

Es kann sein, dass es heute Abend regnet.
今晩雨が降るかもしれないね。

der Kontakt, -e　つながり、接触

Stefan hatte wenig Kontakt zu seinen Kollegen.
シュテファンは彼の同僚とあまりコンタクトを取っていなかった。

kontrollieren, kontrolliert, kontrollierte, hat kontrolliert
（4格を）検査する、チェックする

Beim Auto musst du regelmäßig das Öl kontrollieren.
車に乗るなら（エンジン）オイルは定期的にチェックしないといけないよ。

das Konzert, -e　コンサート

Für das Konzert am Samstag gibt es keine Karten mehr.
土曜日のコンサートのチケットはもうありません。

der Körper, -　体、身体

Die Ärztin sagt, ich muss etwas für meinen Körper tun, z.B. Spazierengehen.
女医さんが言うのには、私は自分の体のために何かしないといけないんです、例えば散歩とか。

körperlich　肉体の、体を使う [B1]

Körperliche Arbeit macht mir nichts aus.　私は肉体労働はぜんぜん平気です。

die Kosmetik, -　(通例、単数で)化粧(品)(= Kosmetika)

Kosmetik können Sie im 1.(ersten) Stock kaufen.　化粧品売り場は2階です。

(die) Kosten　(複数でのみ)費用 [B1]

Die Kosten für die Reise bekommen Sie von der Firma.
あなたの旅費は会社からでます。

kostenlos　無料の

Diese Zeitung kostet nichts. Sie ist kostenlos.
この新聞は無料です。お金は要らないんです。

der Kranke / die Kranke : ein Kranker, eine Kranke, Kranke(複数)など
男性の病人／女性の病人／複数形で：(あの)病人たち(krank の名詞化) [B1]

Der Kranke braucht auch mehr Ruhe.
この患者にはもっと安静にしていることも必要です。

das Krankenhaus, ⸚er　病院

Das Kind hat sich verletzt und musste ins Krankenhaus.
その子は怪我をしてしまい、病院に行かねばなりませんでした。

die Krankenkasse, -n　健康保険組合

Die Krankenkasse bezahlt nur Medikamente, die von einem Arzt verschrieben
wurden. (die von einem … の die は Medikamente を受ける関係代名詞)
健康保険組合が支払うのは、医師の処方による薬だけです。

der Krankenpfleger, - / **die Krankenpflegerin**, -nen　看護師 [B1]

Mein Cousin arbeitet als Krankenpfleger im Krankenhaus.
従兄弟は看護師として病院で働いています。

die Krankenschwester, -n　看護師 [B1]

Meine Cousine arbeitet als Krankenschwester in der Türkei.
従姉妹は看護師としてトルコで働いています。

der Krankenwagen, -　救急車 [B1]

Wir haben einen Krankenwagen gerufen.　私たちは救急車を呼びました。

die Krankheit, -en　病気

Welche Krankheit hatte Frau Brand?　ブラントさんの病気は何だったのですか？

der Kredit, -e　クレジット、信用貸し

Ich habe von der Bank einen Kredit bekommen.
私は銀行から信用貸ししてもらいました。

die Kreuzung, -en　交差点

Gehen Sie an der nächsten Kreuzung links.　次の交差点で左に行ってください。

der Krimi, -s　推理小説、ミステリー

Mein Großvater liest alte Krimis sehr gern.
祖父は古いミステリーが大好きなんです。

kühl　涼しい

Es ist schon so kühl draußen. Zieh dir einen Pullover an.
外はもうこんなに涼しいよ、セーターを着なさい。

die Kultur, -en　文化

Der Junge interessiert sich für andere Länder und Kulturen.
その男の子は異国と異国の文化に関心がある。

kündigen, kündigt, kündigte, hat gekündigt　①退職を申し出る

Marco war mit seiner Stelle nicht zufrieden und hat gekündigt.
マルコは自分の地位に満足しておらず、退職を申し出たんだ。

kündigen, kündigt, kündigte, hat gekündigt　②（4格の）解約を告げる [B1]

Haben Sie Ihre Wohnung schon gekündigt?
すでに住宅の解約を申し出られましたか？

kündigen, kündigt, kündigte, hat gekündigt
③（目的語なし）（3格に）解雇通知する [B1]

Die Firma hat meiner Mutter gekündigt.
会社は母の解雇を通知してきた。

die Kunst, ⸚e　①芸術

Sein Vater versteht nichts von moderner Kunst.
彼の父親は現代芸術に関して無理解だ。

die Kunst, ⸚e　②（通例、無冠詞で科目としての）美術、芸術

Kunst war sein Lieblingsfach in der Schule.
学校で好きな科目と言えば美術だった。

lachen, lacht, lachte, hat gelacht　笑う

Die Schüler lachen viel.　生徒たちは大笑いする。

der Laden, ⸚　店

Im Blumenladen kaufe ich Blumen.　私は花はお花屋さんで買います。

das Land, ⸚ er　国

Österreich ist ein schönes Land.　オーストリアは美しい国です。

lang　長い（⇔ kurz）

Sein Bruder hat ihm einen langen Brief geschrieben.
彼の兄は彼に長い手紙を書いた。
Sind meine Haare zu lang?
私の髪、長すぎる？

lange　長く

Wartet er schon lange?
彼はもう長いこと待っているの？
Bei der Apotheke muss man oft lange warten.
薬局で長いこと待たされるのはよくあることです。

langsam　ゆっくりと（⇔ schnell）

Sprich bitte etwas langsamer!　もうちょっとゆっくり話してちょうだい！

laufen, läuft, lief, ist gelaufen　歩く

Möchtest du nicht Auto fahren? — Ja, ich möchte laufen.
車の運転したくないの？　―そうだよ、歩きで行きたいんだ。

laut　やかましい（⇔ leise）

Hier ist es zu laut. Ich kann nichts hören.　ここはうるさすぎて、何も聞こえない。

leben, lebt, lebte, hat gelebt　①生きている、健在である

Sein Großvater lebt nicht mehr.　彼の祖父はもう亡くなっています。

leben, lebt, lebte, hat gelebt　②暮らす

Frau Meier lebt lange in Japan.　マイヤーさんは長く日本に住んでいる。

das Leben　暮らし、生活、生命

Das Leben in Europa ist teuer.　ヨーロッパでの暮らしは高くつく。

der Lebenslauf, ¨e　履歴書 [B1]

Sie muss den Lebenslauf für die Bewerbung schon schreiben.
さっそく彼女は応募のための履歴書を書かなければならない。

die Lebensmittel(複数で)　食料品

Wo bekommst du Lebensmittel? Im Supermarkt?
食料品はどこで買うの？　スーパー？

ledig　独身の(⇔ verheiratet)

Ich bin ledig.　私は独身です。

legen, legt, legte, hat gelegt　（4格を）置く

Ich lege die Zeitung auf den Tisch.
私は机の上に雑誌を置く。

der Lehrer, -　教師

Unser Deutschlehrer heißt Herr Fischer.
私たちのドイツ語の先生はフィッシャーという名前です。

leicht　①軽い(⇔ schwer)

Die Tasche ist leicht.　そのかばんは軽い。

leicht　②易しい

Französisch ist nicht leicht.　フランス語は易しくない。

leider　残念ながら

Da können wir dir leider nicht helfen.
残念だけど、私たちには君に手をかすことはできないよ。

leise　静かな（⇔ laut）

Sprecht leise! Mein Kind schläft schon.
みんな、静かに話して。私の子供はもう寝ているの。

lernen, lernt, lernte, hat gelernt　（4格を）学ぶ、習う

Wie lange lernst du schon Japanisch?　どのくらい日本語を学んでいるの？

lesen, liest, las, hat gelesen　（4格を）読む

Er liest ein Buch von Thomas Mann.　彼はトーマス・マンの本を読んでいる。

letzt　最後の（⇔ erst）

Gestern war der letzte Kurstag.　昨日はコースの最終日だった。

die Leute(複数)　人々

In der Stadt sind viele Leute.　街にはたくさんの人がいる。

das Licht, -er　電灯、灯り

Mach das Licht an!　電気をつけて！

lieb–　（手紙の冒頭で）…様

Lieber Herr Bauer, / Liebe Frau Bauer,　親愛なるバウアー様、

lieben, liebt, liebte, hat geliebt　①（4格を）愛する

Sie liebt ihre Familie.　彼女は家族を愛している。

lieben, liebt, liebte, hat geliebt　②好きである

Mein Mann liebt seinen Beruf.　夫は仕事が好きだ。

Lieblings–　大好きな…

Mein Lieblingsessen ist Obst.　私の好物は果物です。

das Lied, -er　歌

Zu seinem Geburtstag singe ich ihm ein Lied.
彼の誕生日に私は彼のために歌ってあげるんです。

liegen, liegt, lag, hat / ist gelegen　①横たわっている　[A2]

Die Katze liegt auf dem Bett.　猫がベッドのうえで寝転がっている。

liegen, liegt, lag, hat / ist gelegen
②（広がりのあるものが）…にある、位置している

Heidelberg liegt am Necker.　ハイデルベルクはネッカー河畔に位置している。

links　左に

Gehen Sie die zweite Straße links.　2本目の通りを左に行ってください。

der Lkw, -s (Lastkraftwagen)　トラック

Dieser Lkw ist nicht so groß.　このトラックはそれほど大きくない。

das Lokal, -e　飲食店

In der Marktstraße gibt es ein neues Lokal.
マルクト通りに新しい飲食店があるよ。

die Lösung, -en　解答、解法

Die Lösung ist nicht einfach.　答えは単純ではない。

lustig　楽しい、愉快な

Mein Bruder sieht einen lustigen Film.　私の兄は愉快な映画を見ている。

レベルA2

die Lampe, -n　ランプ、電気スタンド

Hast du dir eine neue Lampe gekauft?　新しい電気スタンドを買ったの？

das Land, ⸚ er　（前置詞 auf と）田舎

Ich wohne lieber auf dem Land als in der Stadt.
僕は都会暮らしより田舎暮らしの方が好きだ。

die Landschaft, -en　地帯、風景

Die Landschaft ist wunderschön.　その風景は素晴らしく美しい。

langweilig 退屈な

Der Krimi war sehr langweilig. その推理小説はとても退屈だった。

der / das Laptop ノートパソコン(PC)

Brauchst du einen neuen Laptop? 新しいノートパソコンが必要なの？

lassen, lässt, ließ, hat gelassen ①…させておく [B1]

Er hat sein Auto hier stehen gelassen. 彼は車をここに置いていった。

lassen, lässt, ließ, hat gelassen ②放っておく

Lassen Sie mich bitte in Ruhe! 私には構わないで(放っておいて)ください！

laufen, läuft, lief, hat gelaufen ①走る

Er ist gestern 50 m in 6,4 Sekunden gelaufen. 彼は昨日、50mを6.4秒で走った。

laufen, läuft, lief, hat gelaufen ②上映している

Wo läuft der Film? どこでその映画は上映しているの？

leidtun / leid tun （3格を)残念がらせる

Es tut mir leid, dass ich dir nicht helfen kann. 君の手伝いができずに申し訳ない。

leihen, leiht, lieh, hat geliehen （3格に4格を)貸す

Er kann dir sein Fahrrad leihen. 彼が君に自転車を貸してくれるよ。

letzt 最近の、最後の

Was haben Sie letzte Woche gemacht? 先週は何をしていらっしゃいましたか？

-lich 名詞、動詞、形容詞などにつけて「…の性質をもつ」、「…に関する」、「…できる」「…ごとの」という形容詞を作る後綴り

freundlich 親切な　beruflich 職業上の　begreiflich 理解できる　täglich 毎日　など

liefern, liefert, lieferte, hat geliefert （4格を)配達する

Wir liefern Ihnen den Kühlschrank direkt in die Wohnung.
お住まいに直接、冷蔵庫をお届けしますよ。

die Lieferung, -en　引き渡し、配達、納入 [B1]

Bezahlen Sie bitte bei der Lieferung.
配達の際にお支払いください。

liegen, liegt, lag, hat gelegen　①置いてある

Der Rucksack liegt auf dem Schreibtisch.
リュックサックは書き物机の上に置いてある。

liegen, liegt, lag, hat gelegen　②（im Krankenhaus liegen で）入院している

Mein Großvater liegt seit 4 Wochen im Krankenhaus.
私の祖父は4週間前から入院している。

liegen, liegt, lag, hat gelegen　③（gelegen sein で）位置している

Die Stadt ist an der Donau gelegen.
その街はドナウ河畔にある。

der Link, -s　リンク

Ich schicke dir einen Link zu Sehenswürdigkeiten in Deutschland.
ドイツの観光地のリンクを送るね。

der Löffel, -　スプーン

Bring mir einen Löffel.　スプーンをひとつ持ってきて！

lügen, lügt, log, hat gelogen　偽る、嘘をつく

Ihr sollt nicht lügen.
君らは嘘をついてはダメだよ。
Glaubt ihnen nicht, sie lügen.
みんな、彼らを信用しないで、彼らは嘘をついています。

die Lüge, -n　嘘

Lügen haben kurze Beine.　嘘はすぐバレるものだ。(諺)

die Lust　（Lust haben + zu不定詞句で）…したい気持ちがある

Ich habe keine Lust, Ski zu laufen.　スキーはしたくない。

machen, macht, machte, hat gemacht　①（4格を）する

Was machen Sie am Wochenende?　週末は何をされるのですか？

machen, macht, machte, hat gemacht　②（4格を）作る

Mein Mann muss jetzt das Essen machen.
私の夫は今、食事を作らないといけない。

machen, macht, machte, hat gemacht　③（Das macht nichts で）（謝罪に対して）大丈夫です、かまいませんよ

Entschuldigung! — Das macht nichts!
ごめんなさい！ ーそんなこと何でもありませんよ。

machen, macht, machte, hat gemacht　④…の金額になる

Das macht zusammen 25 Euro.　全部まとめて25ユーロです。

das Mädchen, -　少女、女の子（⇔ der Junge / der Bub）

Familie Kraus hat ein Mädchen und einen Jungen.
クラウス家には女の子と男の子がいます。

man　（不定代名詞として）（不特定の）人は（人称代名詞erで受けることはできず、繰り返し用いる）

Hier darf man nicht parken.　ここには駐車できません。

der Mann, ⸚er　夫、男性（人称代名詞erで受けることができる）

Wo arbeitet ihr Mann?　彼女の夫はどこで働いているの？
In meiner Firma arbeiten keine Männer.
私の会社には男性の従業員はいない。

männlich　男性の（⇔ weiblich）

Hier kreuzen Sie „männlich" an.　ここの「男性」の欄にチェックを入れるんです。

die Maschine, -n　機械

Er hat eine neue Waschmaschine.　彼は新しい洗濯機を持っている。

das Meer, -e　海

Sie macht immer Urlaub am Meer.
彼女はいつも休暇を海辺で過ごす。

mehr　(viel の比較級)より多くの、もっと(⇔ minder / weniger)viel の最上級は meist　[A2]

Sie lernt mehr als bei der letzten Prüfung.
彼女は前回の試験よりも多く勉強している。

mein　(所有冠詞／不定冠詞型の語尾をつける)私の

Mein Vater ist Lehrer.　私の父は教師です。

meist-, **die meisten**　大多数の

Die meisten Österreicher sind nicht so groß.
たいていのオーストリア人はそれほど大柄ではない。

der Mensch, -en　人間

Die Menschen sind hier ein bisschen anders als im Norden.
ここの人は北方の人とは少し異なっている。

menschlich　人間的な　[B1]

Angst zu haben ist menschlich.　不安になるのは人間らしいことだ。

mieten, mietet, mietete, hat gemietet　(4格を)賃借りする

Im Urlaub miete ich ein Motorrad.　休暇に私はバイクを借りる。

die Miete, -n　家賃

Seine Miete ist nicht so hoch.　彼の家賃はそれほど高くはない。

die Milch　牛乳

Die Milch steht auf dem Tisch.　牛乳はテーブルの上にあります。

mit(3格支配の前置詞。基本は「対象との結び付き」)　①…と一緒に

Er geht heute Abend mit seiner Frau aus.
彼は今日、奥さんと出かける。

mit（3格支配の前置詞。基本は「対象との結び付き」）　②…入りの

Ich nehme einen Kaffee mit Milch.
私はミルク入りのコーヒーにします。

mitbringen, bringt mit, brachte mit, hat mitgebracht
持ってくる、買ってくる

Ich gehe einkaufen. Soll ich Ihnen etwas mitbringen?
買い物に行きますけど、何かあなたに買ってきましょうか？

mitkommen, kommt mit, kam mit, ist mitgekommen　一緒に来る（行く）

Ich gehe ins Kaufhaus. Kommst du mit?　デパートに行くけど、一緒に行く？

mitmachen, macht mit, machte mit, hat mitgemacht　（4格に）参加する

Warum machst du nicht mit?　どうして君は参加しないの？

mitnehmen, nimmt mit, nahm mit, hat mitgenommen
持っていく、連れていく

Zum Mitnehmen, bitte!　持ち帰り用に（包装）してください！

die Mitte　真ん中

Wo sitzt ihr? — In der Mitte.　君たちはどこに座っているの？　―真ん中だよ。

das Möbel, -　（通例、複数で）家具

Kauft ihr euch neue Möbel?　新しい家具を買うの？

möchte（助動詞と同じ活用）　…したい

Was möchtest du trinken?　何が飲みたい？

mögen, mag, mochte, hat gemocht　（4格を）好きである

Ich mag keine Milch.　私は牛乳が好きではない。

möglich　可能な、ありえる

Mit dieser Fahrkarte ist die Fahrt ab 8 Uhr möglich.
このチケットでは8時からの乗車が可能です。

der Moment, -e 一瞬、瞬間

Einen Moment, bitte! ちょっと待って！

morgen 明日

Morgen beginnt der Kurs um 9 Uhr. 明日はコースが9時に始まる。

müde 疲れた

Das Kind geht gleich schlafen, denn es ist müde.
子供はすぐに眠るよ、疲れているからね。

der Mund, ⸚er 口

Hast du Zahnschmerzen? Mach mal den Mund auf.
歯が痛いの？　ちょっと口を開けてみて！

mündlich 口頭の（⇔ schriftlich）[B1]

Morgen haben wir die mündliche Prüfung. 明日、口頭試験がある。

müssen, muss, musste, hat gemusst／müssen(本動詞として用いられた場合 gemusst,
助動詞としては müssen) せねばならない

Ich muss heute sehr lang arbeiten.
今日、私はとても長く働かなければならない。

die Mutter, ⸚ 母

Frau Müller ist die Mutter von Karla. ミュラーさんはカルラの母親だ。

レベルA2

der Magen, ⸚ 胃

Hast du Magenschmerzen? 胃が痛いの？

die Mailbox, -en メールボックス（携帯電話などの伝言サービスの名称）
（= Voice-Mailbox）

Er hat ihr auf die Mailbox gesprochen.
彼は彼女の伝言サービスに伝言を残した。

mal （アクセントなしで命令口調をやわらげる）まあ、ちょっと＜心態詞＞

Sag mal, wie gefällt dir meine neue Jacke？
ちょっと、ねえ、私の新しいジャケット、どう思う？

das Mal, -e 回

Das mache ich nächstes Mal.　それは次回にやるよ。
Das erste Mal war sie vor sechs Jahren in Deutschland.
彼女がドイツに行ったのは6年前が最初だった。

malen, malt, malte, hat gemalt　（4格を）描く

Das Bild hat mein Mann gemalt.　その絵は私の夫が描いた。

manch -　かなりの数の

Manche Nachbarn sind sehr freundlich.　かなり多くの隣人はとても親切だ。

manchmal　ときどき

Manchmal geht sie mit ihrem Mann ins Kino.　ときどき、彼女は夫と映画に行く。

die Mannschaft, -en　チーム

Unsere Mannschaft hat 2:1（zwei zu eins）gewonnen.
私たちのチームは2対1で勝った。

der Mantel, ̈　コート

Es ist sehr heiß. Ziehst du deinen Mantel nicht aus？
すごく暑いね。コートは脱がないの？

der Markt, ̈ e　①市場

Wir gehen morgen auf den Markt.　私たちは明日、市場に行く。

der Markt, ̈ e　②市（いち）

Donnerstags und sonntags ist hier Markt.　木曜日と日曜日にはここに市が立つんです。

das Medikament, -e　薬

Nimm dieses Medikament zweimal pro Tag!　この薬を1日2回飲むのよ！

mehr　（否定の語句と）もう…ない

Mehr kann ich nicht trinken!　これ以上は飲めないよ。

meinen, meint, meinte, hat gemeint　…と思う、意見である

Dieser Roman ist interessant. Was meinen Sie?
この小説は興味深い。あなたはどう思いますか？

die Meinung, -en　意見、考え

Ich bin der Meinung, dass er recht hat.　私は、彼が正しいという意見だ。
Er hat seine Meinung geändert.　彼は考えを変えた。

meistens　副 たいてい

Meistens esse ich zum Frühstück nur ein Brötchen.
たいてい、私の朝ごはんは小さい丸パンだけです。
Ist er am Wochenende in der Stadt? — Ja, meistens.
彼は週末には市内にいるの？　—うん、たいていはね。

die Menge, -n　大量、多数

Ich habe noch eine Menge Zeit.
私はまだたくさん時間がある。
Mein Bruder kennt schon eine Menge Leute in Berlin.
私の兄はベルリンにすでにたくさんの知り合いがいる。

merken, merkt, merkte, hat gemerkt　①(dass … などに)気づく

Er hat nicht gemerkt, dass es schon so spät ist.
彼は、もうそんなに遅い時間だとは気づいていなかった。

merken, merkt, merkte, hat gemerkt　②(４格を)覚えておく

Er kann sich keine Zahlen merken. Er vergisst sie sofort wieder.
彼は数字が覚えられない。すぐにまた忘れてしまうんだ。

die Messe, -n　見本市

Kommt ihr mit zur Automobilmesse?
君たちも一緒に車の見本市に行かない？

das Messer, - ナイフ、包丁

Achtung! Das Messer schneidet sehr gut.
気をつけて！　そのナイフはとてもよく切れるよ！

mindestens 少なくとも（＝wenigstens ⇔ höchstens）

Ein guter Laptop kostet mindestens 1 000 Euro.
よいノートPCは少なくとも1000ユーロはするよ。

Du musst mindestens eine Stunde vor dem Abflug zum Flughafen.
少なくとも出発の1時間前には空港に来ないといけないよ。

das Mineralwasser （通例、単数で）ミネラルウォーター

Kannst du mir bitte ein Mineralwasser holen?
ミネラルウォーターひとつ、取ってきてくれない？

miss- 非分離前綴りとして基礎動詞とは反対の概念を表したり、誤りなどの意味を加える

missachten 軽蔑する　missverstehen 誤解する　など

mit（3格支配の前置詞）　…を使って、…で

Wir sind mit dem Bus gekommen.　私たちはバスで来たよ。

der Mitarbeiter, - / **die Mitarbeiterin**, -nen　仕事仲間、協力者

Unser Geschäft hat zehn Mitarbeiter.　私たちの店には10人の仕事仲間がいる。

das Mittagessen, -　昼食

Um 13 Uhr gibt es Mittagessen.　昼食は13時ですよ。

das Mittel, -　①薬

Hast du ein Mittel gegen Zahnschmerzen?　歯痛にきく薬もっている？
Der Arzt hat meinem Kind ein Mittel gegen Kopfschmerzen verschrieben.
医者が私の子供に頭痛薬を処方した。

das Mittel, -　②（Waschmittel で）洗剤、（Spülmittel で）食器用洗剤

Das neue Spülmittel ist sehr teuer.　新しい食器用洗剤はとても高い。

das Mobiltelefon, -e　携帯電話（=Handy）

Wie kann ich dich erreichen? Hast du ein Mobiltelefon?
どうやって連絡を取ったらいい？　携帯電話持ってる？

die Mode, -n　①流行

Wie finden Sie die neueste Mode？　最新の流行をどう思いますか？

die Mode, -n　②（in Mode sein で）流行している

Rot ist jetzt gerade in Mode.　赤色が今の流行だ。

modern　現代的な

Das Haus ist modern eingerichtet.　その家は現代的な設備がついている。
Das Stadtzentrum von Berlin ist ganz modern.　ベルリンの中心部は現代的だ。

der Motor, -en　エンジン

Der Motor ist nicht kaputt. Das Auto kann noch fahren.
エンジンは壊れていない。この車はまだ走れるよ。

der Motorroller, -　スクーター

Jana fährt mit dem Motorroller zur Uni.　ヤーナはスクーターで大学に行く。

der Müll　（複数なし）ゴミ

Du musst den Hausmüll richtig trennen.　家庭ゴミはきちんと分別しないといけないよ。

die Müllabfuhr　ゴミ回収　[B1]

Die Müllabfuhr kommt dreimal pro Woche.
ゴミ回収は週に3回来る。

die Mülltonne, -n　大型ゴミ容器　[B1]

Ist die Mülltonne schon voll?　ゴミのコンテナはもう一杯なの？

das Museum, Museen　美術館、博物館

Ich war mit meiner Schwester im Museum.
私は姉（妹）と一緒に美術館に行った。

die Musik　音楽

Wie finden Sie die Musik?　この音楽をどう思いますか？
Deutsche Musik mag ich sehr.　ドイツの音楽がとても好きだな。

musikalisch　①音楽好きな、音楽の才能がある　[B1]

Sein Bruder ist sehr musikalisch: Er spielt Klavier, Gitarre und Geige.
彼の兄(弟)はとても音楽の才能がある：ピアノもギターもヴァイオリンも弾く。

musikalisch　②音楽の　[B1]

Sein Sohn erhält eine gute musikalische Ausbildung.
彼の息子はとてもいい音楽教育をうけている。

der Musiker, - / die Musikerin, -nen　音楽家　[B1]

Mein Cousin möchte Musiker werden.
私のいとこは音楽家になりたい。

müssen　[活用はレベルA1へ]　①…に違いない

Sein Onkel muss krank sein.
彼の伯父さんは病気に違いない。

müssen　②(否定の語句と)…する必要はない

Sie müssen ihn nicht abholen.
あなたが彼を迎えに行く必要はありませんよ。

die Mütze, -n　ベレー帽(縁のない帽子)

Hast du eine rote Mütze?
赤のベレー帽、持ってる？

【 N 】 レベルA1

nach（3格支配の前置詞：「（空間的には）目標」、「（時間的には）事後」が基本）
①（nach 地名で）（場所）…へ

Sie fährt morgen nach Wien.　彼女は明日、ウィーンに行きます。

nach（3格支配の前置詞：「（空間的には）目標」、「（時間的には）事後」が基本）
②（時間）…の後に

Wir treffen uns nach dem Unterricht.　授業の後に会いましょう。

nach（3格支配の前置詞：「（空間的には）目標」、「（時間的には）事後」が基本）
③（時間）…過ぎ

Es ist schon 5 nach 11.　もう11時5分です。

nächst　次の

Ruf bitte nächste Woche noch einmal an.
来週にもう一回電話して。

der Name, -n　名前、（Vorname で）下の名前、（Nachname = Familienname で）姓、名字

Wie ist sein Name/Vorname/Nachname?
彼の名前／下の名前／姓は何と言うの？

nehmen, nimmt, nahm, hat genommen　①（4格を）取る、注文する、もらう

Was möchten Sie? — Ich nehme einen Schokoladenkuchen.
何にいたしましょうか？　ーチョコレートケーキをひとつください。

nehmen, nimmt, nahm, hat genommen　②（4格を）使う

Sollen wir ein Taxi nehmen?　タクシーに乗りましょうか？

nein　いいえ

Kommt ihr auch mit ins Kino? — Nein, wir haben keine Zeit.
君たちも映画館に行く？　ーいや、時間がないんだ。

neu　①新入りの（⇔alt）

Er ist der neue Kollege.　彼が新人の同僚なんだ。

neu ②新しい

Ich habe ein neues Haus.　私には新しい家がある。

nicht ①(否定する語の前に)…ない

Ich komme nicht aus Deutschland.　私はドイツ出身ではない。

nicht ②(文末に)…ない

Das stimmt nicht. / Das geht nicht!
そうではない。／そうはいかない！

nicht ③(文末に)だよね？

Frau Weissbach ist ledig, nicht?　ヴァイスバハさんは独身ですよね？

nichts(不定代名詞)　何もない、無

Er isst noch nichts.　彼はまだ何も食べていない。
Das macht nichts.　どうってことありませんよ。

nie ①決して…ない

Der neue Kollege kommt nie pünktlich.
あの新人の同僚は時間通りに来たことがないな。

nie ②(nie wieder で)二度と…しない [B1]

Wir gehen nie wieder in diese Kneipe.
私たちは二度とこの飲み屋には行かない。

noch ①まだ

Meine Schwester geht noch aufs Gymnasium.
私の妹はまだギムナジウムに通っている。
Du hast noch 20 Euro.
まだ20ユーロ持っているね。

noch ②さらに

Haben Sie noch einen Wunsch? — Ja, bitte noch einen Kaffee.
ほかに何かご注文は？　ーはい、コーヒーをもう1杯お願いします。

normal ふつうの

60 kg. Sein Gewicht ist normal. 60キロか。彼の体重はふつうだね。

die Nummer, -n ①番号、ナンバー

Welche Hausnummer hast du? 君の番地は？

die Nummer, -n ②電話番号

Kannst du mir deine Nummer geben? 電話番号、教えてくれる？

nur ただ…だけ

Ich habe keinen Durst. Ich möchte nur etwas essen.
喉は渇いていないよ、食べものだけほしいな。

レベルA2

nach– 分離動詞の前綴りとして、基礎動詞に後続、追加、模倣などの意味を加える

nachfolgen 後を追う　nachprüfen もう一度調べる　nachbilden 複製する　など

der Nachbar, -n / **die Nachbarin**, -nen 隣人

Mein neuer Nachbar ist sehr freundlich. 私の新しい隣人は優しい。

die Nachricht, -en ①知らせ

Ich habe eine schlechte Nachricht. よくない知らせがあるんだ。

die Nachricht, -en ②ニュース、報道

Er hat im Fernsehen die Nachrichten gesehen.
彼はテレビでそのニュースを見た。

die Nachricht, -en ③留守番電話の伝言 [B1]

Lassen Sie bitte eine Nachricht hinter. 留守番電話に伝言をどうぞ。

die Nähe 近さ、近辺、近所、(in der Nähe von 3格で)(3格の)近くに

Die Post ist ganz in der Nähe von diesem Hotel.
郵便局はこのホテルのすぐ近くにあります。

nass　湿っている、濡れた（⇔trocken）

Es hat geregnet. Er ist ganz nass geworden.
雨が降った。彼はびしょ濡れになった。

Sein Kind geht mit den nassen Schuhen ins Wohnzimmer.
彼の子供は濡れた靴でリビングに入っていく。

die Natur　自然

Mein Kind ist gern draußen in der Natur.
私の子供は外の自然の中にいるのが好きだ。

natürlich　もちろん

Natürlich helfe ich meiner Großmutter.　もちろん私は祖母に手を貸すよ。

neben（3・4格支配の前置詞。隣接が基本的な意味）　①（neben 3格で）…の隣に、で

Ist neben dir noch ein Platz frei?　君の隣はまだ空いてる？

neben　②（neben 4格で）…隣へ

Er setzt sich neben mich.　彼は私の隣へ腰をおろす。

nebenan　隣に、隣家に　[B1]

Das ist Lina, sie wohnt nebenan.　こちらはリナです。彼女は隣に住んでいるの。

neblig　霧がかっている

Gestern war es neblig.　昨日は霧だった。

der Nebel, -　霧　[B1]

Fahr bei Nebel besonders vorsichtig!
霧の時は特に気をつけて運転するのよ！

nehmen　[活用はレベルA1へ]　服用する、取る

Nimm das Medikament nach dem Essen!
食事の後にこの薬を飲みなさい。

Mein Kollege hat die Flasche aus dem Kühlschrank genommen.
同僚が冷蔵庫から瓶をとった。

nennen, nennt, nannte, hat genannt 　（4格を4格と）呼ぶ

Mein Freund heißt Maximillian, aber alle nennen ihn Max.
私の友達はマクシミリアンという名前だが、みんな彼をマックスと呼ぶ。

nervös　神経質な、いらいらした

Bei Prüfungen war er immer sehr nervös.
試験の時、彼はいつも神経過敏になっていた。

nett　親切な

Sie hat viele nette Kollegen.　彼女にはたくさんの親切な同僚がいる。
Danke! Das ist sehr nett von dir.　ありがとう！　優しいね。

niemand　誰も…ない

Ist niemand da？　誰もいないんですか？

die Note, -n　①評点

Sein Sohn hat immer sehr gute Noten in Japanisch.
彼の息子は日本語（国語）でいつもいい点をもらっている。

die Note, -n　②楽譜、評点 [B1]

Mein Bruder kann keine Noten lesen.　兄は楽譜が読めない。

notieren, notiert, notierte, hat notiert　（4格を）メモする

Hast du dir den Termin notiert？　約束の期日をメモした？

die Notiz, -en　メモ

Hast du mir eine Notiz geschrieben？　私のためにメモをしてくれたの？

notwendig　不可欠な、不可避な

Muss er morgen wiederkommen？ — Ja, das ist notwendig.
彼は明日来なければならないのですか？　―はい、それは必須です。

die Nudel, -n(通例、複数で)　ヌードル、麺

Ich möchte lieber Nudeln essen.　私はヌードルの方が食べたい。

die Nummer, -n　サイズ番号

Haben Sie den Rock eine Nummer größer?
もう1サイズ大きいスカートはありますか？

nur　たったの、わずかに

Im Kaufhaus gibt's Jacken für nur 30 Euro.
デパートには、たったの30ユーロのジャケットがある。

nützlich　有益な

Er hat mir einen nützlichen Tipp gegeben.
彼は私に有益なヒントをくれた。

【 O 】　レベルA1

oben　上に

Familie Schultz wohnt oben.　シュルツさんのお宅は、上の階です。

das Obst　果物（ドイツ・オーストリアで。スイスでは Früchte）

Obst kaufen wir immer auf dem Markt.　私たちは果物はいつも市場で買っている。

oder　あるいは、または

Möchten Sie Fisch oder Fleisch?　魚か肉、どちらがいいですか？

öffnen, öffnet, öffnete, hat geöffnet　①開く、始業する（⇔ schließen）

Wann öffnet das Restaurant?　そのレストランはいつ開くの？

öffnen, öffnet, öffnete, hat geöffnet　②（4格を）開ける（⇔ schließen）

Können Sie bitte die Tür öffnen?　扉を開けてもらえませんか？

öffnen, öffnet, öffnete, hat geöffnet
③（geöffnet sein で）開店している（⇔ geschlossen sein）

Die Bäckerei ist sonntags bis 15 Uhr geöffnet.　パン屋は日曜日は15時まで開いている。

oft　しばしば

Er trifft sich oft mit seiner Freundin.　彼はよく恋人に会っている。

ohne（4格支配の前置詞）　なしで、なしでは

Ohne Fahrrad kann er nicht zur Uni kommen.　自転車なしでは、彼は大学に来られない。

das Öl, -e　オイル、油

Die Suppe mache ich ohne Öl.　このスープはオイルなしで作るんです。

die Oma, -s　おばあちゃん

Meine Oma ist siebzig Jahre alt.　おばあちゃんは70歳だ。

der Onkel, -　伯（叔）父　[B1]

Mein Onkel in Hamburg heißt Oskar.　ハンブルクの伯（叔）父さんの名前はオスカルと言うんだ。

der Opa, -s　おじいちゃん

Wie heißt dein Opa?　君のおじいちゃんはなんていう名前なの？

die Ordnung, -en
分類、秩序、規律、(in Ordnung sein で)問題ない、きちんとしている

Das ist in Ordnung!　よろしい！　オーケーです！

der Ort, -e　場所、村落

Der Ort liegt am See, nicht am Meer.
その場所は海ではなく、湖のほとりにあるんです。

der Vorort, -e　郊外　[B1]

Meine Schwester wohnt in einem Vorort von Berlin.
私の姉(妹)はベルリン郊外に住んでいる。

der Wohnort, -e　居住地

Trag bitte deine Wohnort ein!　ここに居住地を記入して！

レベルA2

oder　(entweder A oder B で)A または B、A か B のどちらか

Entweder du fährst mit dem Fahrrad oder du gehst zu Fuß.
自転車で行くか、歩きで行くか、君はこのどちらかだよ。

offen　開いている

Ich glaube, die Apotheke ist jetzt noch offen.　その薬局はまだ開いていると思うけど。
Im Sommer schlafen wir immer bei offenem Fenster.
夏場には私たちは窓を開けて寝ている。

das Ohr, -en　①耳

Hast du Ohrenschmerzen?　耳が痛いの？

das Ohr, -en　②聴力

Julian hat gute Ohren.　ユリアンは耳がいい。

140

online　オンラインで

Kann ich das Geld auch online überweisen?
このお金はオンラインでも送金できますか？

die Orange, -n　オレンジ

Ihr Kind isst gern Orangen.
彼女の子供はオレンジが好きだ。

organisieren, organisiert, organisierte, hat organisiert　（4格を）企画・準備する

Herr Schneider organisiert die Party.
シュナイダーさんがパーティーを準備している。

die Organisation, -en　①企画・準備　[B1]

Die Organisation der Party war nicht so gut.
パーティーの企画・準備はあまりうまくいかなかった。

die Organisation, -en　②団体、組織　[B1]

Ist er Mitglied in einer politischen Organisation?
彼はどこかの政治団体のメンバーなのですか？

das Papier, -e ①紙

Hier sind Papier und Kugelschreiber.　ここに紙とボールペンがあります。

das Papier, -e ②(複数で)公的な書類

Er hat zu dem Termin alle Papiere mitgebracht.
彼は予約日に書類を全部持ってきた。

das Papier, -e ③(ein Blatt Papier で)紙 1 枚 [B1]

Ich habe ein Blatt Papier für dich.　君用の紙を1枚持ってますよ。

der Partner, - / **die Partnerin**, -nen ①パートナー

Der Mann da ist mein Partner.　あそこにいる男の人が私のパートナーです。

der Partner, - / **die Partnerin**, -nen ②共同参画者(経営者)[B1]

Sie haben das Geschäft zusammen. Sie sind Partner.
彼らは店を持っている。彼らは共同経営者だ。

die Party, -s パーティー

Heute Abend wollen wir eine Party machen.　今夜はパーティをするつもりなんです。

der Pass, ⸚e パスポート、旅券(= Reisepass)

Im Hotel brauchen Sie bei der Anmeldung Ihren Pass.
ホテルでチェックインするにはパスポートが必要ですよ。

die Pause, -n 休憩

Wir machen fünfzehn Minuten Pause.　私たちは15分の休憩をとります。

der Plan, ⸚e 市街地図(= der Stadtplan)

Hast du einen Plan von Frankfurt?　フランクフルトの地図持ってる?

der Platz, ⸚e ①座席

Dieser Platz ist schon besetzt.　この座席はもうふさがっています。
Bitte nehmen Sie Platz!　どうぞお掛けください。

der Platz, ⸚e　②広場

So schön ist der Marienplatz.
(ミュンヒェンの)マリア広場はこんなにも素敵なところです。

die Polizei, -en(通例、単数で)　警察

Holt die Polizei !　君たち、警察を呼びなさい！

der Polizist, -en / die Polizistin, -nen　警察官 [B1]

Die Ampel ist kaputt. Eine Polizistin regelt den Verkehr.
信号機が壊れている。婦人警官が交通整理をしているよ。

die Pommes frites(複数で)　フライドポテト

Er isst immer Würstchen mit Pommes frites.
彼はいつもフライドポテト添えの小さいソーセージを食べている。

die Post　①郵便局

Entschuldigung ! Wo ist die Post?　すみません。郵便局はどこでしょうか？

die Post　②郵便物、便り

Da ist Post für dich.　君への郵便物がそこにあるよ。

die Postleitzahl, -en　郵便番号

Wie ist deine Postleitzahl ?　君の家の郵便番号は？

das Praktikum, Praktika　実習、実地研修

Meine Schwester macht ein Praktikum bei Siemens.
姉(妹)はジーメンス社で実習をしている。

die Praxis, Praxen　診療(所)(オーストリアでは Ordination)

Die Praxis ist von 12 bis 15 Uhr geschlossen.
診療所は12時から15時まで閉まっています。

der Preis, -e　物価、価格

Die Preise steigen schon wieder.　物価はまた上がります。

das Problem, -e　問題、課題

Julias Problem ist die Sprache.　ユーリアの課題は言語（能力）なんだ。

der Prospekt, -e　パンフレット

Bitte schicken Sie mir einen Prospekt von Ihrem Deutschkurs.
そちらのドイツ語コースのパンフレットを送ってください。

die Prüfung, -en　試験（＜ prüfen「（４格を）試験する」）

Die Prüfung ist morgen um 8.00 Uhr.　試験は明日の８時だ。

pünktlich　時間厳守の、時間通りに

Sie sind immer pünktlich.　あなたはいつも時間通りですね。

レベルA2

das Paar, -e　①ペア、カップル

Jana und Hans sind ein Paar.
ヤナとハンスはカップルだ。

das Paar, -e　②(ein Paar 複数形で)一対の

Hast du dir ein Paar neue Schuhe gekauft?
君は新しい靴を一足買ったの？

paar　(ein paar 複数形で)2、3の…、いくつかの… [B1]

Wir kommen gleich. Es dauert nur ein paar Minuten.
私たち、すぐに行きます。ほんの２、３分です。

packen, packt, packte, hat gepackt
(４格に)荷物を詰める、(４格の)パッキングをする

Du musst noch deinen Koffer packen.
これから君は自分のスーツケースに荷物を詰めないといけないよ。

das Paket, -e　小包

Er hat das Paket zur Post gebracht.　彼は小包を郵便局へ持っていった。

das Päckchen, - 小型小包（Paket よりも小型のもの）

Er schickt sein Geschenk als Päckchen. 彼は贈り物を小型小包にして送る。

das Parfüm, -s 香水

Zum Geburtstag hat Jana von ihrem Mann ein Parfüm bekommen.
誕生日にヤナは夫から香水を受け取った。

der Park, -s 公園

Wir gehen gern im Park spazieren. 私たちは公園を散歩するのが好きだ。

parken, parkt, parkte, hat geparkt 駐車する
（ドイツ・オーストリアで。スイスでは parkieren）

Hier darf man nicht parken. ここは駐車禁止だ。

das Parken 駐車すること（＜動詞parken を大文字で始め、中性名詞化したもの）

Hier ist das Parken erlaubt. ここは駐車可です。

passen, passt, passte, hat gepasst ①（３格にサイズが）合う、似合う

Die Jacke passt mir nicht mehr. このジャケットはもう私には合わない。

passen, passt, passte, hat gepasst ②合致する、相応しい

Welches Wort passt nicht?
（単語テストなどで）どの単語が合致しませんか（＝仲間外れはどの単語ですか）？

passieren, passiert, passierte, ist passiert 起こる、生じる

Wie ist der Verkehrsunfall passiert?
その交通事故はどうやって起きたのだろうか？

das Passwort, ̈ er パスワード

Du brauchst ein Passwort. パスワードが要るんです。

die Person, -en 人

Der Eintritt kostet 6 Euro pro Person.
1人あたりの入場料は6ユーロかかります。

das Pferd, -e　馬

Laura hat ein Pferd. Sie reitet seit acht Jahren.
ラウラは馬を飼っている。乗馬を始めて8年です。

die Pflanze, -n　植物、鉢植え

Mein Nachbar gibt seinen Pflanzen so viel Wasser.
私の隣人は、鉢植えに水をやりすぎなんです。

die Pizza, -s / Pizzen　ピザ

Wir haben eine Pizza bestellt.　私たちはピザを注文した。

das Plakat, -e　ポスター

Im Unterricht habe ich ein Plakat zum Thema „Fußball" gemacht.
授業で私はサッカーがテーマのポスターを作りました。

planen, plant, plante, hat geplant　（4格を）計画する

Wollen wir zusammen eine Klassenparty planen?
一緒にクラスパーティーを計画してみないか？

der Plan, ￦e　計画 [B1]

Was machst du im Winter? — Keine Ahnung. Ich habe noch keine Pläne.
冬には何をするの？　ーわからない。まだ計画していないんだ。

die Planung, -en　計画策定 [B1]

Das Sommerfest ist noch in der Planung.　夏祭りはまだ計画を立てている段階なんです。

plötzlich　突然に

Plötzlich war das Licht an.　突然、灯りがついた。

die Portion, -en　1人前、1皿

Bitte, eine Portion Salat!　サラダを1皿お願いします！

das Poster, -　ポスター

Das Poster hängt über dem Tisch.　ポスターは机の上のほうにかかっている。

die Postkarte ポストカード、ハガキ

Mein Freund schreibt mir eine Postkarte aus Japan.
私の友人は日本から私に葉書を書いてくれる。

praktisch 実用的な

Ich finde dieses Handy praktisch. 私はこの携帯電話が実用的だと思う。

preiswert お買い得な

Der Mantel ist sehr preiswert. このコートはとてもお買い得です。

privat ①私用の

Das ist seine private Nummer. これは彼のプライベートの電話番号だ。

privat ②私有の

Dieser Strand ist privat. ここはプライベート・ビーチです。

pro …につき

Der Eintritt kostet fünf Euro pro Person. 入場料は1人につき5ユーロです。

probieren, probiert, probierte, hat probiert （4格を）試みる、試す

Haben Sie dieses Schmerzmittel schon einmal probiert?
この痛み止めをもう試しましたか？

das Produkt, -e 製品

Unsere Produkte hatten eine hohe Qualität.
わが社の製品はクオリティーが高かったのです。

das Programm, -e ①番組（表）

Dieses Programm im Fernsehen interessiert uns nicht.
このテレビ番組は私たちの興味をひかない。

das Programm, -e ②プログラム、ソフトウエア [B1]

Mit welchen Programmen arbeiten Sie am Computer?
あなたはコンピューターでどんなプログラムを使って仕事をしているのですか？

das Projekt, -e　プロジェクト

Der Mann macht ein Projekt über Sehenswürdigkeiten in seiner Heimatstadt.
あの男性は自分の故郷の街の名所・旧跡に関するプロジェクトを手掛けている。

prüfen, prüft, prüfte, hat geprüft　（4格を）調べる、検査する

Sie müssen die Rechnung immer prüfen.
計算書(領収書)はいつも確かめないといけませんよ。

der Pullover, -　セーター

Hast du dir einen Pullover gekauft?
君はセーターを買ったの？

putzen, putzt, putzte, hat geputzt　①掃除する、きれいにする

Mein Sohn muss heute sein Zimmer putzen.
私の息子は今日は自分の部屋を掃除しないといけない。

sich³ putzen, putzt, putzte, hat geputzt
②(die Zähne /die Nase putzen で)歯を磨く／鼻をかむ [B1]

Nach dem Essen putze ich mir die Zähne.
私は食後に歯をきれいにします(磨きます)。

【Q】　レベルA2

die Qualität, -en　品質

Dieses Radio hat keine gute Qualität.
このラジオは品質がよくない。

das Quiz, -　クイズ

Wer hat beim Quiz gewonnen?
誰がクイズに勝ったの？

【R】 レベルA1

das Rad, ¨er 自転車、(Rad fahren で) 自転車に乗る
(ドイツ・オーストリアで。= Fahrrad。スイスでは Velo)

Meine Tochter kann schon Rad fahren. 私の娘はもう自転車に乗れる。

rauchen, raucht, rauchte, hat geraucht (タバコなどを) 吸う

Mein Bruder raucht nicht mehr. 私の兄はもうタバコは吸わない。

der Raum, ¨e 部屋、教室

Die Vorlesung ist in Raum 212. その講義は212番教室です。

rechnen, rechnet, rechnete, hat gerechnet 計算する [A2]

Mein Sohn kann gut rechnen. 私の息子は上手に計算ができます。

die Rechnung, -en 計算書、請求書

Ich brauche eine Rechnung. 計算書(請求書)が必要なんです。

recht 形 右の(⇔ link) [B1]

Meine Schwester hat sich den rechten Arm gebrochen. 私の姉は右腕を折った。

rechts 右側に(⇔ links)

Die Goethestraße ist hier rechts. ゲーテ通りはここを右に行くんです。

regnen, regnet, regnete, hat geregnet (非人称主語 es と) 雨が降る

Heute regnet es den ganzen Tag. 今日は一日中雨が降る。

der Regen 雨

Es gibt bald Regen. もうすぐ雨になる。

der Reis, -e (通例、単数で) 米

Mein Sohn isst gern Reis. 息子はご飯が好きなんです。

reisen, reist, reiste, ist gereist 旅をする

Sie reist gern nach Italien. 彼女はイタリア旅行をするのが好きだ。

die Reise, -n　旅行

Herr und Frau Kemp machen eine Reise nach China.　ケンプ夫妻は中国旅行をする。

das Reisebüro, -s　旅行代理店

Arbeitet seine Frau in einem Reisebüro？　彼の奥さんは旅行代理店で働いているの？

der Reiseführer, - / **die Reiseführerin**, -nen　①（職業としての）旅行ガイド

Unser Reiseführer in Berlin heißt Eberhard.
ベルリンでのガイドさんはエバーハルトという名前です。

der Reiseführer, -　②（書籍としての）旅行ガイドブック

Wir kaufen uns einen Reiseführer von Berlin.　私たちはベルリンのガイドブックを1冊買います。

reparieren, repariert, reparierte, hat repariert　修理する

Mein Vater hat das Auto repariert.　父が車を修理したんです。

die Reparatur, -en　修理

Wie viel kostet eine Display-Reparatur?　ディスプレイの修理にはいくらかかりますか？

das Restaurant, -s　レストラン

Sie essen heute im Restaurant.　彼らは今日、レストランで食事をする。

die Rezeption / Reception, -en　受付

Den Schlüssel gibt man im Hotel an der Rezeption ab.
鍵はホテルでは受付に返すことになっている。

richtig　正しい（⇔ falsch）

Das ist richtig.　それで合ってます。

riechen, riecht, roch, hat gerochen　匂いがする

Dieser Kaffee riecht sehr gut.　このコーヒーはとてもよい匂いがする。

ruhig　静かな、安らかな

Wir brauchen ein ruhiges Zimmer.　私たちは静かな部屋が必要だ。

das Radio, -s　①ラジオ受信機

Möchtest du dir ein neues Radio kaufen?　君は新しいラジオを買いたいの？

das Radio, -s　②ラジオ放送

Er hört gern Radio.　彼はラジオ放送を聴くのが好きだ。

raten, rät, riet, hat geraten　①（3格に4格を）助言する

Wir möchten in Japan Urlaub machen. Was rätst du uns?
私たちは日本で休暇を過ごしたい。何かアドバイスある？

raten, rät, riet, hat geraten　②言い当てる

Rate mal, wen ich heute getroffen habe! Deinen Cousin.
私たちが今日誰に出くわしたか、当ててみなよ！　君の従兄弟だよ。

das Rätsel, -　なぞなぞ、パズル

Kannst du dieses Rätsel lösen?　このなぞなぞは解ける？

das Rathaus, ⸚er　市庁舎

Hier rechts sehen Sie das Rathaus.　この右手に見えるのが市庁舎です。

recht haben, hat recht, hatte recht, hat recht gehabt
（主語の言っていること、言い分が）正しい

Deine Frau hat (nicht) recht.　君の奥さんが正しい（正しくない）よ。

reden, redet, redete, hat geredet　（über 4格について）語る、話す

Worüber haben Sie vorgestern geredet?　おとといは何について話していたのですか？

die Rede, -n　演説、談話、（eine Rede halten で）演説する　[B1]

Der Politiker hat gestern eine Rede gehalten.　その政治家は昨日、演説を行なった。

reich　金持ちの（⇔ arm）

Charlotte ist reich. Sie hat sehr viel Geld.
シャルロッテはお金持ちです。お金がたくさんあります。

der Reifen, - タイヤ

Brauchst du neue Reifen für deinen Wagen?
君の車には新しいタイヤが必要なの？

die Reihe, -n ①列

Er hat Karten für das Konzert. Sie sitzen in der zweiten Reihe.
彼はコンサートのチケットを持っている。彼らは2列目に座る。

die Reihe, -n ②(an der Reihe sein で)順番である、次の人である

Lukas ist jetzt an der Reihe. ルーカスが次の(順番の)人です。

die Reinigung, -en クリーニング(店)

Meine Schwester bringt den Pullover in die Reinigung.
姉(妹)がセーターをクリーニングにもっていく。

reiten, reitet, ritt, ist geritten (馬などに)乗って走る

Meine Tochter möchte gerne reiten lernen. 私の娘は乗馬を習いたい。

renovieren, renoviert, renovierte, hat renoviert (4格を)修繕・修理する、改修する

Sein Vater renoviert das ganze Haus.
彼の父親は家全体を修繕する。

der Rentner, - / **die Rentnerin**, -nen 年金受給者
（ドイツ・スイスで。オーストリアでは Pensionist）

Ihr Großvater arbeitet nicht mehr. Er ist Rentner.
彼女の祖父はもう働いていない。彼は年金受給者だ。

reservieren, reserviert, reservierte, hat reserviert ①(4格を)予約する

Bitte reservieren Sie mir ein Einzelzimmer.
一人部屋を予約してください。

reservieren, reserviert, reservierte, hat reserviert
②(reserviert sein で)予約済みである、予約されている [B1]

Dieser Tisch ist reserviert. このテーブルは予約席です。

der Rest, -e　①残金

Hier sind 200 Euro. Den Rest gebe ich dir später.
ここに200ユーロある。残金は後でわたすからね。

der Rest, -e　②余り、残り

Es ist noch ein Rest Kaffee da. Möchten Sie noch?
まだコーヒーが残っています。いかがですか？

das Rezept, -e　①処方箋

Diese Tabletten kann man nur auf Rezept erhalten.
この薬は処方箋でしか入手できません。

das Rezept, -e　②レシピ

Können Sie mir bitte das Rezept geben?　このレシピを教えていただけませんか？

riechen　[活用はレベルA1へ]（非人称主語esなどと）（nach 3格の）匂いがする

In der ganzen Wohnung riecht es nach Käse.　住まい全体からチーズの匂いがする。

das Rind, -er　牛（雄・雌を区別しない場合）

Mein Kollege isst nur Fleisch vom Rind.　私の同僚は牛肉しか食べない。

der Ring, -e　指輪

Sie hat ihren Ring verloren.　彼女は指輪をなくした。

der Rock, ¨e　スカート

Diese Bluse passt gut zu deinem Rock.
このブラウスは君のスカートによく合っているよ。

romantisch　ロマンティックな

Dieser Roman ist sehr romantisch.　この小説はとてもロマンティックだ。

die Rose, -n　バラ

Was bedeuten rote Rosen als Geschenk?
赤いバラ（の花束）をプレゼントにするのはどんな意味があるんですか？

der Rücken, - 背中

Meinem Kind tut der Rücken weh.
私の子どもは背中が痛い。

der Rucksack, ¨e リュックサック

Er trägt immer einen Rucksack.
彼はいつもリュックサックを背負っている。

die Ruhe ①静粛

Jetzt Ruhe bitte! Der Chef spricht!
さてお静かに！　部長からお話があります。

die Ruhe ②安静

Seine Mutter braucht Ruhe, weil sie krank ist.
彼の母さんには安静が必要だ、だって病気なんだから。

rund ①円形の

Der alte Esstisch war rund.
古い食卓は丸かったんだ。

rund ②およそ、大体

Bis Hamburg sind es noch rund 50 Kilometer.
ハンブルクまではおおよそ50キロ(メートル)はある。

der Rundgang, ¨e 周遊、一周、一巡

Der Rundgang durch die Stadt beginnt in zehn Minuten.
市内周遊ツアーは10分後に始まります。

【S】 レベルA1

der Saft, ⸚e　（通例、単数だが、種類を言う場合には複数で）ジュース

Sie trinkt gern Orangensaft.　彼女はオレンジジュースが好きだ。

sagen, sagt, sagte, hat gesagt　（4格を）言う

Entschuldigung! Was habt ihr gesagt?　すみません！　君たちはなんて言ったの？

der Salat, -e　サラダ菜(レタス)、サラダ

Möchtest du zum Fleisch einen Salat?　お肉にサラダはいかが？

das Salz, -e　（通例、単数で)塩

Geben Sie mir bitte mal das Salz!　そこのお塩をとってください！

salzig　塩辛い　[B1]

Ist die Suppe zu salzig für dich?　スープが塩辛すぎた？

der Satz, ⸚e　文

Den letzten Satz versteht er nicht.　最後の文が彼には分からないのです。

der Schalter, -　窓口

Du bekommst am Schalter 5 Briefmarken.　5番窓口で切手が買えるよ。

scheinen, scheint, schien, hat geschienen　輝く、照る

Heute scheint die Sonne, aber morgen regnet es.　今日は日が照っているが、明日は雨だ。

schicken, schickt, schickte, hat geschickt　（手紙・メールなどを)送る、送信する

Sie schickt ihren Freunden eine Einladung zur Hochzeit.
彼女は結婚の招待状を友達に送る。

das Schild, -er　表示板

Was steht dort auf dem Schild?　あそこの表示板には何が書いてある？

der Schinken, -　ハム

Ich nehme ein Brötchen mit Schinken.　私はハムつきのパンをいただきます。

schlafen, schläft, schlief, hat geschlafen　眠る

Schlaf gut!　(就寝時に)おやすみ！

der Schlaf　睡眠　[B1]

Mein Sohn macht jeden Tag nach dem Mittagessen einen kurzen Schlaf.
私の息子は毎日、昼食後に少し眠る。
Ist genügend Schlaf wichtig für die Gesundheit?　十分な睡眠は健康に重要ですか？

das Schlafzimmer　寝室　[A2]

Ist hier das Schlafzimmer?　ここが寝室なの？

schlecht　①悪い（⇔gut）

Ist das Wetter morgen schlecht?　明日の天気は悪いの？

schlecht　②不調な

Dein Kind sieht aber schlecht aus. Ist es krank?
君の子ども、具合が悪そう。病気なの？

schlecht　③よくない

Hier ist schlechte Luft. Machen Sie bitte das Fenster auf.
この部屋は空気がよくないです。その窓を開けてください。

schließen, schließt, schloss, hat geschlossen　閉じる

Schließ das Fenster!　窓を閉めて！

geschlossen sein　(過去分詞形から sein とともに)閉まっている　[B1]

Die Post ist am Samstag und Sonntag geschlossen.　郵便局は土日は閉まっている。

der Schluss　①終わり、(Schluss machen で)終わりにする、やめにする

Wir machen jetzt Schluss. Es klingelt an der Tür.
終わりにしよう。インターホンが鳴っている。

der Schluss　②(zum Schluss で)最後に、終わりに

Zum Schluss trinken wir einen Kaffee.　最後にコーヒーを飲みましょう。

der Schlüssel, – 鍵

Er sucht seine Schlüssel. 彼は鍵（鍵束）を探している。

schmecken, schmeckt, schmeckte, hat geschmeckt ①（…の）味がする

Das schmeckt süß. それは甘い味がする。

schmecken, schmeckt, schmeckte, hat geschmeckt
②（nach 3格の）味がする、風味がある

Der Kuchen schmeckt nach Apfel. このケーキはリンゴの味がする。

schnell 速く

Der Arzt fährt so schnell. その医者はあんなに車をとばすんだ。

schon すでに

Das Essen ist schon fertig! 食事の準備はもうできているよ！

schön ①素敵な

Ich finde dein Haus sehr schön.
私は君の家をとても素敵だと思うよ。

schön ②いい天気の

Es ist schön morgen. 明日はいい天気だよ。

schön ③（danke schön で）ありがとう

Nimmst du noch eine Tasse Tee? — Nein, danke schön.
お茶をもう一杯いかがですか？ ―いいえ、結構です。

der Schrank, ⸚e 戸棚、たんす
（ドイツ・スイスで。オーストリア・スイスでは Kasten も）

Das Buch liegt auf dem Schrank.
本は戸棚の上に（横にして）置いてあるよ。

schreiben, schreibt, schrieb, hat geschrieben （手紙・メールなどを）書く

Er schreibt dir einen Brief. 彼は君に手紙を書いているよ。

aufschreiben （忘れないように）（4格を）書き留める [B1]

Hast du dir seine Telefonnummer aufgeschrieben?
君は彼の電話番号を書き留めたの？

der Schuh, –e （通例、複数で）靴

Die neuen Schuhe sind meinem Kind zu eng. その新しい靴は私の子どもには小さすぎる。

die Schule, –n 学校

Geht dein Sohn schon in die Schule? 息子さんはもう学校に行っているの？

der Schüler, – / **die Schülerin**, –nen 生徒

In der Klasse sind dreißig Schüler. このクラスには30人の生徒がいる。

schwer ①重い

Der Hund ist viel zu schwer. この犬は大変な重さだ。

schwer ②難しい

Das ist eine schwere Aufgabe. これは難しい課題だ。

die Schwester, –n 姉、妹

Sie hat einen älteren Bruder und eine jüngere Schwester. 彼女には兄と妹がいる。

die (Kranken)Schwester, –n 看護婦 [B1]

Schwester Mina hat ihm ein Medikament gegeben. ミーナ看護師が彼に薬を渡した。

schwimmen, schwimmt, schwamm, ist geschwommen 泳ぐ

Mein Vater geht regelmäßig schwimmen.
私の父は定期的に泳ぎに行っている。

das Schwimmbad, ˽er プール

Kommt er mit ins Schwimmbad? 彼も一緒にプールに来るの？

der See, –n / **die See**（複数なし） 湖、湖水／海、海洋

Unsere Wohnung ist direkt am See. 私たちの住まいは湖に接している。

sehen, sieht, sah, hat gesehen　①(目的語なしで)(目が)見える

Siehst du nicht gut? Brauchst du eine Brille?　よく見えないの？　眼鏡が必要？

sehen, sieht, sah, hat gesehen　②(４格を)見る、観る

Jana sieht einen schönen Film.　ヤナは素敵な映画を観ている。

die Sehenswürdigkeit, -en　一見の価値のあるもの、(複数で)名所

Welche Sehenswürdigkeiten empfiehlst du mir?　お薦めはどの名所なのかしら？

sehr　①とても

Mein Großvater freut sich sehr über unsren Besuch.
祖父は私たちの訪問をとても喜んでいる。

sehr　②(danke sehr で)どうもありがとう

Hier ist dein Kaffee. — Danke sehr.　こちらが君のコーヒーだよ。ーありがとう。

sein　(所有冠詞／不定冠詞型の語尾をつける)彼の、それの

Seine Schwester heißt Ursula.　彼の姉さんはウルズラと言うんだ。

sein, ist, war, ist gewesen　①…である(主語＝述語)

Er ist Lehrer.　彼は教師だ。

sein, ist, war, ist gewesen　②ある

Um 12 Uhr ist Pause.　12時に休憩だ。

sein, ist, war, ist gewesen　③いる

Petra ist in ihrem Zimmer.　ペトラは自分の部屋にいる。

sein, ist, war, ist gewesen　④(３格＋zu形容詞とともに)(３格には)…すぎる

Die Uhr ist mir zu teuer.　この時計は私には高価すぎる。

sein, ist, war, ist gewesen　⑤(an／aus とともに)(電源などが)入っている／切れている

Das Radio ist an／aus.　ラジオはついている／消えている。

seit （3格支配の前置詞）…以来、…から [B1]

Ich wohne seit dem 1.(ersten) April in Düsseldorf.
私は4月1日以来、デュッセルドルフに住んでいる。

selbstständig, selbständig 自営の、独立した、自立した

Jetzt ist meine Schwester auch selbstständig.
私の姉(妹)も今では自活しています。

sich （再帰代名詞）…自身（3人称および敬称 Sie が主語の場合に用いる形）

Sie interessiert sich für Literatur.
彼女は文学に興味がある。

sie （3人称単数／複数の代名詞）彼女は、それは（女性および女性名詞を受ける）、彼らは／それらは

Wo wohnt sie? 彼女はどこに住んでいるの？

Sie （敬称の2人称代名詞）あなた、あなた方は（3人称複数を受ける代名詞 sie を大文字書きした）

Woher kommen Sie? あなたはどちらのご出身ですか？

sitzen, sitzt, saß, hat / ist gesessen 座る

Wo sitzt du? — Ganz vorne.
どこに座っているの？ ―すごく前の方だよ。

der Sitz, -e 座席、シート [B1]

Ich suche für meine Tochter einen Sitz fürs Auto. Sie ist erst zwei Jahre alt.
私は娘のためにチャイルドシートを探している。彼女は2歳になったばかりだ。

der Sitzplatz, ¨ e （劇場、図書館などの）座席

Ich brauche keinen Sitzplatz.
座席は必要ないんです。

so ①そのように、このように

Du musst das so machen. 君はそれをこういうふうにしないといけない。

so ②そんなにも

Lauf bitte nicht so schnell!　そんなに速く歩かないで！

so ③（so ... wie ～で）～と同じくらい…

Sein Lehrer ist so groß wie er.　彼の先生は彼と同じくらいの背の高さだ。

das Sofa, -s　ソファ

Ich kaufe ein modernes Sofa.　私は現代的なソファを買う。

sofort　すぐに、ただちに

Du solltest sofort zum Arzt gehen.　君はすぐに医者に行った方がいいぞ。

der Sohn, ¨e　息子

Mein ältester Sohn ist zehn.　私の一番上の息子は10歳だ。

sollen, soll, sollte, hat gesollt（本動詞として用いられた場合）/ sollen（助動詞として用いられた場合）（主語以外の意思）…ならない、（伝聞）…と言われている

Wann sollen wir kommen?　私たちはいつ来たらいいですか？

die Sonne　太陽

Die Sonne scheint. Gehen wir spazieren!　日が照っている。散歩に行こうよ！

sonnig　晴天の　[A2]

Das Wetter heute: sonnig und trocken.　今日の天気：晴れて乾燥しています。

in der Sonne　日光を浴びて、日向に　[B1]

Er hat zu lange in der Sonne gelegen.　彼は日光を長く浴びすぎた。

spät ①（非人称主語 es と）（時刻が）遅い

Es ist schon spät, wir sollten zu Hause bleiben.　もう遅いし、家にいないといけないよ。

spät ②（非人称主語 es とともに、Wie spät ist es? で）今、何時？

Wie spät ist es? ― Es ist zwanzig vor vier.
今、何時？ ―3時40分だよ。

später ①後で

Wir sehen uns später. 後ほどお目にかかりましょう。

später ②将来

Was will dein Sohn denn später mal werden?
君の息子は将来何になりたいの？

die Speisekarte, -n （料理の）メニュー表（das Menü, -s はレストランなどの定食、日替わり定食）

Kann ich bitte die Speisekarte haben? メニュー表、見せてください。

spielen, spielt, spielte, hat gespielt ①遊ぶ

Draußen spielen die Kinder. 外で子どもたちが遊んでいる。

spielen, spielt, spielte, hat gespielt ②（カードなどで）勝負する、カード遊びをする

Wir spielen heute Karten. 今日、私たちはカードをする。

spielen, spielt, spielte, hat gespielt ③（4格を）演奏する ［A2］

Meine Schwester spielt sehr gut Klavier.
私の姉はとてもうまくピアノを弾く。

der Sport, -e （通例、単数で）スポーツ

Er macht gern Sport. 彼はスポーツが好きだ。

der Sportler, - / **die Sportlerin**, -nen スポーツ選手

Er ist ein guter Sportler. 彼はよいスポーツ選手だ。

sportlich ①スポーティーな

Er trägt immer bequeme und sportliche Kleidung.
彼はいつも心地よく、スポーティーな服を着ている。

sportlich ②スポーツ好きな

Mein Sohn ist nicht so sportlich.
私の息子はさほどスポーツ好きではありません。

der Sportplatz 運動場

Das Basketballtraining ist um 15 Uhr auf dem Sportplatz.
バスケットボールの練習は15時、運動場です。

die Sprache, -n 言語

Lina spricht mehrere Sprachen. リナはいくつかの言語を話す。

die Fremdsprache, -n 外国語

Sie lernt zwei Fremdsprachen. 彼女はふたつの外国語を学んでいる。

die Muttersprache, -n 母(国)語

Was ist seine Muttersprache? 彼の母語は何？

die Zweitsprache, -n 第2言語

Englisch ist ihre Zweitsprache. 英語は彼女の第2言語だ。

sprechen, spricht, sprach, hat gesprochen 話す

Hans spricht sehr gut Italienisch. ハンスはとてもうまくイタリア語を話す。

die Stadt, ¨e 街、町

Berlin ist eine große Stadt. ベルリンは大きな都市だ。

stehen, steht, stand, hat / ist gestanden ①立っている、いる

Dein Freund steht schon an der Bushaltestelle.
君のボーイフレンドはもうバス停に立っているよ。

stehen, steht, stand, hat / ist gestanden ②載っている

Das steht nicht in der Zeitung. それは新聞には載ってないよ。

die Stelle, -n ①職

Mein Bruder hat eine neue Stelle. 私の兄は新しい職を得る。

die Stelle, -n ②場所

Sie treffen sich hier an dieser Stelle. 彼らはここの、この場所で落ち合うんだ。

stellen, stellt, stellte, hat gestellt　（縦にして）置く、入れる

Stell den Apfelsaft in den Kühlschrank!
リンゴジュースは冷蔵庫に入れて！

der Stock　階（ドイツ・スイスでは Etage も）

Mein Büro liegt im 1. Stock, Zimmer 111.
私のオフィスは2階、111号室です。

die Straße, -n　道、通り

Ich wohne in der Obere Donau Straße.　私はオーベレ・ドーナウ通りに住んでいる。

die Straßenbahn, -en　路面電車（ドイツ・オーストリアで。スイスでは Tram）

Ich fahre mit der Straßenbahn nach Hause.　私は路面電車で家に帰る。

studieren, studiert, studierte, hat studiert　（大学で）学ぶ、専攻する

Meine Tochter studiert Technik.　私の娘は工学を専攻している。

der Student, -en / **die Studentin**, -nen　大学生

Mein Bruder ist Student.　私の弟は大学生だ。

die Stunde, -n　時間（単位）

Er ist in einer Stunde wieder zurück.　彼は1時間後に戻ってきます。

suchen, sucht, suchte, hat gesucht　（4格を）探す

Sie sucht ihr Handy.　彼女は自分の携帯を探しています。

レベルA2

die Sache, -n　①物

Ich habe meine Sachen im Hotel gelassen.　自分の物はホテルに置いてきた。

die Sache, -n　②事、問題

Das geht uns nichts an. Das ist deine Sache.
私たちには関係ない。君の問題だ。

-sam 動詞、名詞、形容詞につけて「…の性質がある、傾向のある」という意味の形容詞を作る後綴り

aufmerksam 注意深い　gewaltsam 無理矢理の　langsam ゆっくりとした　など

sammeln, sammelt, sammelte, hat gesammelt　①(4格を)収集する

Mein Sohn sammelt Briefmarken.　私の息子は切手を集めている。

sammeln, sammelt, sammelte, hat gesammelt　②(4格を)採集する

Im Wald sammeln meine Geschwister Pilze.
森で私の兄弟たちはキノコを採集する。

sauber　清潔な

Ich brauche ein sauberes Glas.　清潔なグラスが必要だ。

sauer　①酸っぱい

Die Suppe ist mir zu sauer.　このスープは私には酸っぱすぎる。

sauer　②つらい、いやな気持である、(auf 4格 sauer sein で)(4格に)腹をたてている

Immer kommt er zu spät. Ich bin wirklich sauer auf ihn.
彼はいつも遅れる。私はそれで彼に本当に怒っている。

schade　残念な

Mia kann leider nicht mitkommen. — Das ist aber schade!
ミーアは来れない。ーそれはほんとに残念だね！

(Es ist) Schade, dass sie nicht mitkommen kann.
彼女が一緒に来られないのは残念だ。

schädlich　有害な(< der Schaden, ¨「害、損害」)[B1]

Es ist heute allgemein bekannt, dass Alkohol schädlich ist.
アルコールが有害であることは今日では一般によく知られている。

schaffen, schafft, schaffte, hat geschafft　やり遂げる

Könnt ihr ihm helfen, die Party vorzubereiten? Er schafft das nicht allein.
あなたたち、彼がパーティーの準備をするのを手伝ってくれない？　ひとりじゃできないよ。

-schaft, -en　名詞、形容詞、動詞などについて状態や行為の結果などを意味する女性名詞を作る後綴り

Nachbarschaft 隣人　Gesellschaft 社会　Freundschaft 友情
Botschaft 知らせ　など

der Schalter, -　スイッチ

Der Lichtschalter ist rechts über dem Fenster.
電灯のスイッチは窓の右上にある。

schenken, schenkt, schenkte, hat geschenkt　（4格を）贈る

Was wollen wir ihm zum Geburtstag schenken?
誕生日に彼に何を贈ろうか？

die Schere, -n　はさみ

Die Schere hier schneidet nicht gut. Hast du noch eine neue?
ここにあるはさみはあまりよく切れないな。新しいのはある？

schmecken, schmeckt, schmeckte, hat geschmeckt
（3格にとって）おいしい

Hat es dir geschmeckt?
おいしかった？

das Schiff, -e　船

Meine Tante ist aus Neapel mit dem Schiff gekommen.
私の伯（叔）母はナポリから船でやって来た。

schimpfen, schimpft, schimpfte, hat geschimpft
（auf 4格、über 4格とともに）愚痴を言う、こぼす、ののしる

Meine Kollegen schimpfen über/auf das Wetter.
私の同僚たちは天気のことで愚痴をこぼしている。

der Schirm, -e　傘

Heute regnet es. Bring einen Schirm mit.
今日は雨が降るよ。傘を持って行きなさい。

schlimm ①ひどい

Die Wunde sieht nicht so schlimm aus.　傷はそんなにひどくは見えないよ。

schlimm ②困った

Das ist so schlimm. Ich brauche Hilfe.　これは困ったことになった。助けが必要だ。

das Schloss, ⸚ er ①錠

An meiner Haustür ist das Schloss kaputt.　私の家の扉は錠が壊れている。

das Schloss, ⸚ er ②城

Habt ihr am Wochenende ein Schloss besichtigt?
君たちは週末に城を観光したの？

der Schmerz, -en 痛み、苦しみ（身体的な痛みの場合：複数形で）

Hast du Kopfschmerzen?　頭が痛いの？

das Schmerzmittel, - 鎮痛剤 [B1]

Du hast Kopfschmerzen? Ich gebe dir ein Schmerzmittel.
頭痛がするの？　鎮痛剤をあげるよ。

schmutzig 汚れた、不潔な

Ich habe die schmutzige Wäsche in die Waschmaschine gelegt.
私は汚れた洗濯物を洗濯機に入れた。
Die Schuhe sind schmutzig.
靴は汚れている。

der Schnee 雪

Im Januar gibt es selten Schnee.　1月にはめったに雪は降らない。

schneien, schneit, schneite, hat geschneit （非人称主語 es と）雪が降る

Gestern hat es geschneit.　昨日、雪が降った。

schneiden, schneidet, schnitt, hat geschnitten ①切れる

Das Messer schneidet sehr gut.　このナイフはとてもよく切れる。

sich³ schneiden, schneidet, schnitt, hat geschnitten
②（髪・草など４格を）切る、刈る

Wer hat dir die Haare geschnitten?　君の髪は誰が切ってくれたの？

die Schokolade　①チョコレート

Mein Kind hat eine Tafel Schokolade gegessen.
私の子どもはチョコレートを１枚食べた。

die Schokolade　②チョコレート飲料

Kannst du mir bitte eine Tasse heiße Schokolade bringen?
私のところにホットチョコレートを持ってきてくれる？

schön　①けっこうな

Schön, dass dein Freund nicht zu spät kommt.
君の恋人が遅れてこなかったのはけっこうなことだ。

schön　②わかった、よかろう（先行する相手の発話を受けて）

Wir müssen noch arbeiten. — Schön, dann bleibe ich zu Hause.
僕たちはまだ働かないといけないんだ。―わかったよ、それなら私は家にいますよ。

schrecklich　ひどい

Ich finde diesen Rock schrecklich.　このスカートはひどいと思うよ。

schriftlich　①筆記の（⇔ mündlich）

Die schriftliche Prüfung dauert nur eine Stunde.　筆記試験はたったの１時間だよ。

schriftlich　②文書による

Sie brauchen von dir eine schriftliche Bestätigung.
彼らは君からの書面の確認が必要なんだ。
Muss ich mich schriftlich anmelden?
書面で申し込まないといけないの？

schwach　①（体の）弱い、衰えた

Er fühlt sich sehr schwach.　彼はたいそう（体力が）衰えたと感じている。

schwach ②（効力の）弱い

Das Medikament ist zu schwach. Es hilft leider nicht.
この薬は弱すぎる。残念だけど効き目がない。

schwanger 妊娠している

Seine Frau ist im vierten Monat schwanger. 彼の妻は妊娠4ヶ月だ。

die Schwangerschaft, -en 妊娠 [B1]

Sie dürfen während der Schwangerschaft keinen Alkohol trinken.
妊娠中はアルコールを飲んではいけません。

das Schwein, -e 豚、豚肉

Isst du wirklich kein Schweinefleisch? 君は本当に豚肉は食べないの？

schwierig 困難な

Der Test war sehr schwierig. このテストはとても難しかった。

die See（複数なし） 海（der See, -n は「湖、湖水」）

Zwei von drei Deutschen fahren im Urlaub an die See.
ドイツ人の3人のうち2人は休暇になると海に行きます。

die Nordsee / Ostsee 北海／バルト海 [B1]

Wart ihr schon mal an der Nordsee / Ostsee? あなたたちは北海/バルト海に行ったことがある？

die Seife, -n 石鹸

Welche Seife ist gut zum Duschen? シャワー用ならどの石鹸がいいですか？

seit （定動詞後置の従属接続詞）…以来、…以後（＝ seitdem）[B1]

Seit Jörg in Japan wohnt, lernt er Japanisch.
日本に住んでから、イェルクは日本語を勉強している。

die Seite, -n ①（空間的な）側

Das hier ist die Blumenstraße. Seine Wohnung ist auf der rechten Seite.
ここがブルーメン通りだ。彼の住まいはこの右側にある。

die Seite, -n　②ページ

Öffnet das Lehrbuch auf Seite 15.　みんな、教科書の15頁を開いて。

selbst　自分自身で

Die Pizza hat meine Mutter selbst gebacken.
このピザは母が自分で焼いたものです。

die Sendung, -en　放送、放送番組

Welche Sendungen schauen Sie gern an?　どんな番組がお好きなんですか？

der / das Service, -s　サービス

Ich habe beim Pizza-Service angerufen.
私はピザ配達に電話をした。
Er war mit dem Service in der Werkstatt zufrieden.
彼は修理工場のサービスに満足した。

sich⁴ setzen, setzt, setzte, hat gesetzt　座る、腰を下ろす

Darf ich mich neben dich setzen?　君の隣に座ってもいい？

sicher　①安全な

Ist dieses Auto wirklich sicher?　この車は本当に安全なの？

sicher　②確信を持っている

Ich bin sicher, dass die Bibliothek heute geöffnet ist.
今日は図書館が開いていると確信しているよ。

sicher　③確かに

Das wissen wir ganz sicher.　私たちはそれを確かに知っている。

sicher　④確かに、きっと

Meine Freundin ist sicher müde.　私の友人はきっと疲れている。

singen, singt, sang, hat gesungen　歌う

Das Mädchen singt gern.　その女の子は歌うのが好きだ。

die Situation, -en　状況

Er war in einer schwierigen Situation.
彼は難しい状況にあった。

der Ski / Schi, -er（単複同形での使用もあり）　①スキー

Gehen wir in den Ferien Ski laufen(fahren)?
休暇にはスキーに行きましょうか？

der Ski / Schi, -er（単複同形での使用もあり）　②スキー板

Ich möchte schöne Skier!
私は素敵なスキー板がほしい。

sogar　それどころか、おまけに…さえ

Gestern war es sehr kalt. Es hat sogar geschneit.
昨日はとても寒かった。それどころか雪さえ降った。

sonst　①そのほか

Haben Sie sonst noch Fragen?　そのほかに質問はありますか？

sonst　②さもなければ（＝ andernfalls）

Ich muss jetzt gehen, sonst verpasse ich den Bus.
もう行かなくちゃ、さもなければバスを逃しちゃう。

spannend　はらはらさせる、スリリングな（< spannen「（４格を）ぴんと張る」）

Der Film war spannend bis zur letzten Minute.
この映画は最後までスリリングだったよ。

sparen, spart, sparte, hat gespart　貯蓄する、節約する

Ein Haus ist uns zu teuer. Wir müssen sparen.
家一軒は私たちには高すぎるよ。貯蓄しないといけない。

der Spaß, ¨e　（単数で）楽しみ

Seine Arbeit macht ihm viel Spaß.　彼は仕事がとても楽しい。
Viel Spaß bei der Reise!　旅行では楽しんできてね！

171

spazieren gehen, geht spazieren, ging spazieren, ist spazieren gegangen
散歩する

Ich gehe samstags immer spazieren.　私は土曜日はいつも散歩に行く。

der Spaziergang, ⸚ e　散歩

Nachmittags macht er oft einen Spaziergang durch den Wald.
午後には彼はよく森を散歩する。

speichern, speichert, speicherte, hat gespeichert
（データなど４格を）保存する、記憶させる

Du musst die Datei speichern.　君はデータを保存しないといけないよ。

das Spiel, -e　遊び、ゲーム

Monopoly ist ein ganz beliebtes Spiel.
モノポリーはとても人気のあるゲームだ。

die Sprechstunde, -n　診察時間（オーストリアでは Ordination）

Herr Dr. Müller hat von 9 bis 11 Uhr Sprechstunde.
ミュラー医師の診察時間は9時から11時です。

stark　①濃い、強い

Weil er den starken Kaffee getrunken hat, konnte er die ganze Nacht nicht schlafen.
濃いコーヒーを飲んだので、彼は一晩中眠れなかった。

stark　②強い、激しい

Seine Tante hat starke Kopfschmerzen.
彼の伯(叔)母は頭痛がひどい。

stark　③効き目の強い　[B1]

Der Arzt hat mir ein stärkeres Mittel verschrieben.
医者は私により強い薬を処方した。

stark　④強く

Heute regnet es stark.　今日は雨が強い。

stark ⑤大量の、過度の [B1]

Am Ende der Ferien ist der Verkehr besonders stark.
休暇の終わり頃は交通量が特に多い。

stattfinden, findet statt, fand statt, hat stattgefunden　開催される

Das Konzert findet morgen statt.
コンサートは明日、開催される。

sterben, stirbt, starb, ist gestorben　死ぬ

Unser Chef kommt heute nicht. Sein Großvater ist gestern gestorben.
私たちの上司は今日は来ないよ。彼の祖父が昨日亡くなったんだ。

der Stiefel, -　（通例、複数で）ブーツ

Wie viel kosten die blauen Stiefel?
この青いブーツはおいくらですか？

der Stift, -e　鉛筆（< der Bleistift）

Mein Freund gibt mir einen Stift.　私の友達が私に鉛筆をくれる。

das Stipendium, -dien　奨学金

Wenn du ein gutes Zeugnis hast, bekommst du ein Stipendium.
成績がよければ、奨学金を得られる。

das Stockwerk, -e　階、階層（通例、1階部分を除いて数える）

Das Haus hat drei Stockwerke.　この家は4（3）階建てだ。

stören, stört, störte, hat gestört　（4格の）邪魔をする

Darf ich Sie nur kurz stören?　少しだけ時間をいただけますか？

die Störung, -en　邪魔 [B1]

Entschuldigung für die Störung.　邪魔をしてしまってすみません。

der Strand, ¨e　浜辺

Im Urlaub bin ich am liebsten am Strand.　私には休暇は海辺で過ごすのが一番です。

sich⁴ streiten, streitet, stritt, hat gestritten　争う、喧嘩する

Seine Eltern streiten sich oft.
彼の両親はよく喧嘩をする。

Wenn zwei sich streiten, freut sich der Dritte.
２人が争えば、３番目の人間が喜ぶ。(諺)＝漁夫の利

streng　厳しい

Unser Sohn hat eine sehr strenge Lehrerin.
私たちの息子の先生はとても厳しい。

der Stress, –　(通例、単数で)ストレス

Er hat bei der Arbeit viel Stress.
彼は仕事で多くのストレスを抱えている。

stressig　ストレスの多い

Ist deine Arbeit stressig?　君の仕事はストレスが多いの？

das Stück / -stück, -e　①一切れ

Möchtest du noch ein Stück Apfelkuchen?
リンゴケーキをもう一切れほしい？

das Stück / -stück, -e　②(個数を表現して)…個、…本、…冊など　[B1]

Was kosten die Stifte? — 60 Cent pro Stück.
鉛筆はおいくらですか？　－１本60セントです。

das Stück / -stück, -e　③芝居

Meine Schwester spielt in dem Stück die Hauptrolle.
私の姉はこの芝居で主役を演じている。

das Stück / -stück, -e　④(ein (kurzes) Stück で)(時間的・距離的に)少しだけ　[B1]

Er hat mich ein Stück begleitet.　彼は少しだけ私を送ってくれた。

der Stuhl, ¨ e　椅子、席

Da vorne sind noch zwei Stühle frei.　前に２席空いているよ。

super （無変化）すごい

Das war ein super Spiel!　すごい演劇（試合）だった！
Sie können super tanzen.　彼らはすごくうまく踊る。

der Supermarkt, ⸚e　スーパーマーケット

Freitags geht sie immer in den Supermarkt.
毎週金曜日に彼女はスーパーマーケットに行く。

die Suppe, -n　スープ

Schmeckt Ihnen die Suppe?
スープはおいしかったですか？

surfen　サーフィンする

Möchtest du surfen lernen?
サーフィンを習いたいの？

süß　①甘い

Mein Kind isst gern süße Sachen.
私の子どもは甘いものが好きだ。

süß　②かわいい

Das ist aber ein süßes Kind!
これはかわいい子だね！

Süßigkeiten （複数で）　お菓子類、甘いもの　[B1]

Welche Süßigkeiten isst deine Tochter am liebsten?　— Kuchen und Eis.
どの甘いものがあなたの娘さんは一番好きなの？　—ケーキとアイスだよ。

sympathisch　好感のもてる、共感できる

Findest du deine neue Kollegin sympathisch?
君は新しい同僚を好感がもてると思う？

die Tante, -n 伯母、叔母 [B1]

Meine Tante in Tokyo heißt Tomoko.　私の東京の伯(叔)母はトモコと言います。

tanzen, tanzt, tanzte, hat getanzt　踊る

Auf der Party haben sie viel getanzt.
パーティーで彼らはたくさん踊った。

der Tanz, ⸚e　ダンス [B1]

Diese klassischen Tänze kann er auch nicht.
このクラシックなダンスは彼もできない。

die Tasche, -n　①ポケット

Er hat kein Geld in der Tasche.　彼のポケットにはお金は入っていない。

die Tasche, -n　②かばん [A2]

Sie hat nur eine Tasche.　彼女が持っているのは、かばんひとつだけだ。

das Taxi, -s　タクシー

Sie fährt heute mit dem Taxi.　彼女は今日はタクシーで行く。

der Tee, -s　(通例、単数で)紅茶

Bitte einen Tee mit Milch.　ミルクティーをひとつお願いします。

der Teil, -e　①部分、部(B1に同じ綴りの別語あり)

Lesen Sie bitte den ersten Teil.　第1部(最初の部分)を読んでください。

der Teil, -e　②(zum Teil で)一部分は、部分的には

Gefällt Ihnen die neue Arbeit? — Nur zum Teil.
新しい仕事はあなたの気に入りましたか？　一部分的にはね。

telefonieren, telefoniert, telefonierte, hat telefoniert
電話する、(mit 3格と)電話で話す

Er muss kurz telefonieren.　彼はちょっと電話をしないといけない。

das Telefon, -e　電話

Du kannst mein Telefon benutzen.　私の電話を使ってもいいよ。

der Termin, -e　予定日時、会合の日時、約束の時間

Machen wir sofort einen Termin?　さっそく予定の日時を決めませんか？

der Terminkalender, -　予定記入式カレンダー　[B1]

Hast du einen Termin beim Arzt schon in deinen Terminkalender eingetragen?
通院予定はカレンダーに書き込んだの？

der Test, -s　テスト

Der Test ist wirklich einfach.　テストはほんとうに簡単です。

teuer　高価な（⇔ billig）

Das ist uns zu teuer.　我々にはそれでは高価すぎます。

der Text, -e　文章、テクスト

Lies mal bitte den Text.　まあこの文章を読んでごらん。

das Thema, Themen　テーマ

Heute sprechen wir im Kurs über das Thema „Umwelt".
今日の講座では「環境」をテーマに話しましょう。

das Ticket, -s　チケット

Was kostet das Ticket?　このチケットはいくらですか？

der Tisch, -e　机、テーブル

Auf dem Tisch liegt dein Stift.　机の上に、君の鉛筆があるよ。

die Tochter, ¨　娘

Das ist unsre Tochter Nina.　こちらが私の娘のニーナです。

die Toilette, -n　トイレ

Sag mir bitte, wo ist die Toilette?　教えてちょうだい、トイレどこ？

die Tomate, -n　トマト（オーストリアでは Paradeiser）

Er kauft Tomaten auf dem Markt.　彼は市場でトマトを買う。

tot　死んでいる、亡くなった

Mein Großvater ist schon lange tot.　私の祖父はずいぶん前に亡くなった。

der Tote, -n／**die Tote**, -n　（男性の／女性の）死者　[B1]

Bei dem Feuer gab es drei Tote.　その火事で死者が3人出た。

sich⁴ treffen, trifft, traf, hat getroffen　①（mit 3格と）約束して落ち合う

Jana und Peter treffen sich immer sonntags.　ヤナとペーターが会うのはいつも日曜日だ。

treffen, trifft, traf, hat getroffen　②（偶然に4格に）出会う

Er hat seine Freundin zufällig in der Stadt getroffen.
彼は恋人にたまたま街なかで出くわした。

der Treffpunkt, -e　集合場所　[B1]

Unser Treffpunkt ist um 16 Uhr vor dem Kino.　集合場所は16時に映画館前だ。

die Treppe, -n　階段（ドイツ・スイスで。オーストリアでは Stiege）

Wo ist das Bad? — Die Treppe hoch und dann rechts.
浴室はどこ？　－階段を上に行ってから右だよ。

trinken, trinkt, trank, hat getrunken　（4格を）飲む

Trinken Sie ein Bier mit mir?　私と一緒にビールを飲みませんか？

tschüss　バイバイ（別れの挨拶）

Tschüss, bis morgen!　バイバイ！　明日まで（＝また明日）！

tun, tut, tat, hat getan　①（viel zu tun haben で）することがたくさんある、忙しい

Meine Schwester hat heute viel zu tun.　私の姉は今日やることがたくさんある。

tun, tut, tat, hat getan　②（4格を）する

Was kann ich für dich tun?　君のために何ができるかな？

das Tablet, -s　タブレット（電子機器）

Hat er ein Tablet? — Ja, er hat einen Laptop und ein Tablet.
彼はタブレットを持ってるの？　—うん、彼はPCとタブレットを持っている。

die Tablette, -n　錠剤

Nehmen Sie nach dem Essen eine Tablette.　食後に1錠飲んでください。

die Tafel, -n　（黒板などの）板、告知板、板状のもの

Unsere Lehrerin hat ein neues Wort an die Tafel geschrieben.
私たちの先生は新しい単語を黒板に書きました。

das Taschengeld, -er　（通例、単数で）小遣い

Wie viel Taschengeld bekommt deine Tochter im Monat?
あなたの娘さんは月にいくらお小遣いをもらっているの？

das Taschentuch, ¨er　ハンカチ　[B1]

Hast du kein Taschentuch für dein Kind?　子供用のハンカチを持ってないの？

die Tasse, -n　カップ、(eine Tasse … で) 1 杯の…

Möchtest du eine Tasse Tee?　紅茶1杯飲まない？

tauschen, tauscht, tauschte, hat getauscht
①(4 格を mit 3 格と）交換する

Wir haben die Plätze getauscht.
私たちは座席を交換した。

tauschen, tauscht, tauschte, hat getauscht
②(austauschen で）互いに交換する、取り交わす、教え合う

Wir haben unsere Adressen ausgetauscht.
私たちは住所を教え合いました。

das Team, -s　チーム

Wir haben in einem Team gearbeitet.　私たちはチームで作業をした。

teilen, teilt, teilte, hat geteilt　①（４格を）分ける

Die Mutter hat die Pizza in 8 Stücke geteilt.　そのお母さんはピザを8枚に切り分けた。

teilen, teilt, teilte, hat geteilt　②（４格を）分け合う

Meine Frau und ich teilen uns die Hausarbeit.　妻と私は家事を分担しています。

teilnehmen, nimmt teil, nahm teil, hat teilgenommen　（an３格に）参加する

Wir möchten an dem Tanzkurs teilnehmen.　私たちはダンスの講習会に参加したいんです。

der Teller, -　①皿

Stellt bitte die Teller in den Schrank!　みんな、お皿を戸棚にしまって。

der Teller, -　②（ein(en) Teller で）ひと皿の

Wollt ihr noch einen Teller Suppe?　スープをもうひと皿いかがですか？

das Tennis　（複数なし）テニス

Mein Bruder spielt gern Tennis.　私の兄はテニスをするのが好きだ。

das Theater, -　劇場、（ins Theater gehen で）劇を観に行く

Ich gehe morgen ins Theater.　私は明日、劇を観にいく。

tief　①深い

Vorsicht, Jochen! Das Wasser ist hier sehr tief.
気をつけて、ヨッヘン！　このあたりはとても深いよ。

tief　②深く　[B1]

Vor dem Test hat er tief eingeatmet.　テストの前に彼は深呼吸した。

tief　③奥行きのある　[B1]

Der Kühlschrank ist fünfzig Zentimeter breit und sechzig Zentimeter tief.
冷蔵庫は横幅50cm、奥行き60cmです。

die Tiefe, -n　深さ、（戸棚などの）奥行き

Der See hat eine Tiefe von 150 Meter(n).　この湖の深さは150メートルある。

das Tier, -e 動物

Ihre Lieblingstiere sind Katzen.
彼女が好きな動物は猫なんだ。

das Haustier, -e ペット [B1]

Haben Sie ein Haustier? — Ja, wir haben eine Katze.
ペットは飼っておられますか？ ―はい、猫を一匹。

der Tierpark, -s 大きい動物園、動物公園 [B1]

Willst du am Sonntag mit deinen Kindern in den Tierpark gehen?
君は日曜日に子供たちと一緒に動物公園に行くつもりなの？

der Tipp, -s ヒント

Können Sie mir einen guten Tipp geben?
いいヒントがあったら教えてもらえませんか？

der Titel, - タイトル、題名

Wie heißt der Krimi? — Ich weiß den Titel nicht mehr.
その推理小説はなんて言うの？ ―タイトルはもう忘れたよ。

toll すごくいい

Unser Urlaub war ganz toll. 私たちの休暇は最高だった。

der Topf, ⸚e 深鍋（スイスでは Pfanne）

Ich habe einen größeren Topf. Du kannst auch Nudeln kochen.
大きめの深鍋ならもってる。パスタもゆでられるよ。

die Torte, -n タルト、ケーキ

Zur Hochzeit backen wir euch eine Torte.
結婚式に私たちはあなたたちにケーキを焼くよ。

die Tour, -en ツアー、(旅の)コース

Im Internet kannst du eine Stadttour buchen.
インターネットで街巡りコースを予約できるよ。

der Tourist, -en / **die Touristin**, -nen 　観光旅行者、観光客

Im Herbst kommen viele Touristen in diese alte Stadt.
秋になると多くの観光客がこの古都にやってくる。

tragen, trägt, trug, hat getragen 　①（4格を）運ぶ

Kannst du den Koffer tragen? Der ist zu schwer für mich.
トランクを運んでくれない？　私には重すぎるの。

tragen, trägt, trug, hat getragen 　②（4格を）身につけている

Meine Schwester trägt eine rote Brille. 　私の姉(妹)は赤いメガネをかけている。

trainieren, trainiert, trainierte, hat trainiert 　トレーニングする

Ich trainiere zweimal pro Woche im Sportverein. 　私はスポーツクラブで週に2回トレーニングをする。

das Training, -s 　トレーニング

Jeden Donnerstag ist Training. 　毎週木曜日はトレーニングだ。

der Traum, ⸚e 　夢

Mein Sohn möchte eine eigene Firma, das ist sein Traum.
息子は自分の会社を持ちたい。それが彼の夢なんです。

träumen, träumt, träumte, hat geträumt 　①夢に見る

Meine Schwester hat schlecht geträumt. 　私の妹は夢見が悪かった。

träumen, träumt, träumte, hat geträumt 　②（von 3格を）夢見る

Meine Frau träumt von einem großen Haus mit Garten.
私の妻は庭付きの大きな家を夢見ている。

träumen, träumt, träumte, hat geträumt 　③（4格を）夢に見る

Ich habe einen bösen Traum geträumt. 　私は悪い夢を見た。

traurig 　悲しい

Mein Sohn ist traurig. Sein Vogel ist weggelaufen.
私の息子は悲しんでいる。飼っていた小鳥が逃げてしまったのだ。

trocken 乾いた（⇔ naß, feucht）

Ist die Wäsche schon trocken?
洗濯物はもう乾いているの？

das T-Shirt, -s　Tシャツ

Leider haben wir dieses T-Shirt nur in L.
残念ながら、このTシャツはLサイズしか置いてありません。

...tum　①名詞につける後綴りとして「性質」「宗教」「階層」「領域」などを表す中性名詞をつくる

Volkstum 民族性　Christentum キリスト教　Bürgertum 市民階級　Königtum 王国　など

...tum　②形容詞や動詞につける後綴りとして「…するもの」を表す中性名詞をつくる

Irrtum 誤り　（稀に男性名詞）der Reichtum 富　など

tun, tut, tat, hat getan　①（3格 leid tun で）（3格にとって）残念である

Es tut mir leid. Ich muss leider abreisen.
残念だけど、出発しなきゃ。

tun, tut, tat, hat getan　②（3格 weh tun で）（3格にとって）痛い、（3格に）痛い思いをさせる

Der Bauch tut mir weh.　私はおなかが痛い。

die Tür, -en　扉、ドア

Meine Mutter hat die Tür zugemacht.
母がドアを閉めた。

typisch　①典型的な

In diesem Restaurant gibt es typisch deutsches Essen.
このレストランには典型的なドイツ料理がある。

typisch　②特徴的な

Meine Freundin kommt wieder zu spät, das ist typisch.
私のガール・フレンドはまた遅刻だ、いかにも彼女らしいよ。

über(3・4格支配の前置詞) ①(3格と)上方で、上方に(⇔ unter)

Mein Bruder wohnt über uns.　兄は私たちの上の階に住んでいる。

über(3・4格支配の前置詞) ②(4格と)…の向こう側へ、…の上方へ

Die Kinder gehen über die Straße.　子供たちが道路を横断しています。

über(3・4格支配の前置詞) ③(4格と)…以上の(ただし当該の数を含まない)

Bist du schon über 12?　もう12歳を超えているの？

übernachten, übernachtet, übernachtete, hat übernachtet
宿泊する

Können Gäste unter achtzehn Jahren im Hotel übernachten?
18歳未満の客はホテルに泊まれますか？

die Übernachtung, -en　宿泊 [B1]

In diesem Hotel kostet die Übernachtung ohne Frühstück sechzig Euro.
このホテルでは、宿泊が朝食なしで60ユーロだ。

überweisen, überweist, überwies, hat überwiesen
(銀行などを通じて)お金を振り込む、振り替える

Wann überweist du mir das Geld?
いつお金を振り込んでくれるの？

die Überweisung, - en　振り込み [B1]

Kannst du per Überweisung bezahlen?
振り込みで支払ってくれる？

(die) Uhr(, -en) ①(時間)…時

Wie viel Uhr ist es jetzt? — 13 Uhr.
今何時？　－13時だよ。

die Uhr, -en ②時計 [A2]

Meine Uhr geht nicht richtig.　僕の時計は合ってないよ、

184

und ①…と…

Sie hat heute und morgen frei.　彼女は今日と明日がお休みだ。

und ②そして

Er kauft ein und seine Frau kocht.　彼が買い物をし、彼の妻が料理する。

unser （所有冠詞／不定冠詞型の語尾をつける）私たちの

Das ist unser Chef.　こちらが私たちの上司です。

unten ①下階に

Wir wohnen im 2. Stock, mein Bruder unten im 1. Stock.
私たちは3階に住んでいて、弟が下の2階に住んでいる。

unten ②下の方へ

Er ist mal kurz nach unten gegangen.　彼はちょっと階下に降りて行ったんです。

unter（3・4格支配の前置詞）
（基本的意味は「…の下方」）①（3格とともに）…下方で（⇔über）

Unter uns wohnt eine Familie mit einem Hund.
私たちの階下には犬を1匹飼っている家族が住んでいる。

unter（3・4格支配の前置詞）
②（3格とともに）…以下の（ただし当該の数を含まない＝未満の）

Eintritt für Kinder unter 5 Jahren ist frei.　5歳未満のお子さんは無料です。

unter（3・4格支配の前置詞）　③（4格とともに）…下方へ

Sein Hund legt sich oft unter die Bank.　彼の犬はよくベンチの下に寝そべるんです。

der Unterricht, -e　授業

Der Unterricht dauert von 16 bis 18 Uhr.　授業は16時から18時までです。

unterrichten, unterrichtet, unterrichtete, hat unterrichtet　教える　[B1]

Mein Mann unterrichtet Französisch.
私の夫はフランス語を教えています。

unterschreiben, unterschreibt, unterschrieb, hat unterschrieben　署名する

Unterschreiben Sie bitte hier unten links.　この下の左のところにサインしてください。

die Unterschrift, -en　署名、サイン

Auf dem Dokument fehlt Ihre Unterschrift.
この書類にはあなたのサインが抜けています。

der Urlaub, -e　休暇（ドイツ・オーストリアで。スイスでは Ferien）

Er hat noch zwei Tage Urlaub.　彼はまだ2日休暇がある。

レベルA2

die U-Bahn, -en　地下鉄（< die Untergrundbahn）

Er fährt mit der U-Bahn.　彼は地下鉄で行く。

üben, übt, übte, hat geübt　（4格を）練習する

Sie lernt gerade Klavier spielen. Sie übt jeden Tag zwei Stunden.
彼女は今、ピアノを習っている。彼女は毎日2時間練習している。

über-　①非分離前綴りとして基礎動詞に、「向こうへ」「覆う」「超過」「…過ぎる」の意味を加える

überschreiten 踏み越えていく　übersehen 見渡す　überleben 生き延びる
überschätzen 過大評価する　など

über-　②分離前綴りとして基礎動詞に「溢れて」「向こう側へ」などの意味を加える

überlaufen 溢れる　übersetzen 船で向こう岸に渡す　など

über-　③形容詞・名詞につけて「過度」を表す前綴り

übergroß けた外れに大きい
das Übergewicht 重量超過、太りすぎ　など

überall　いたるところで、そこらじゅう

Er hat überall gesucht, aber seine Brille ist weg.
彼はそこらじゅうを探したが、眼鏡はなくなっていた。

übermorgen　明後日

Können wir uns übermorgen sehen?　あさってに会いません？

übersetzen, übersetzt, übersetzte, hat übersetzt　（4格を）翻訳する

Ich kann dir diesen Brief übersetzen.　君のためにこの手紙を訳してあげるよ。

die Übersetzung, -en　翻訳

Wie ist die Übersetzung des Buches?　この本の翻訳はどう？

der Übersetzer, - / **die Übersetzerin**, -nen　翻訳家、翻訳者 [B1]

Mein Sohn möchte als Übersetzer arbeiten.　私の息子は翻訳家として働きたい。

um（4格支配の前置詞）　①（…の周囲、周辺が基本的な意味）…を回って

Die Post ist gleich um die Ecke.　郵便局はその角を曲がったところだ。

um（4格支配の前置詞）　②（時間の表現として）…時に

Ich stehe um 8 Uhr auf.　私は8時に起きる。

um-　①非分離前綴りとして基礎動詞に、「包囲」「周回」「迂回」の意味を加える

umgeben 取り囲む　umfahren 周囲を回る　umgehen 迂回していく　など

um-　②分離前綴りとして基礎動詞に「周囲」「回転」「改変」などの意味を加える

sich umsehen 見回す　umkehren 裏返す　など

umsteigen, steigt um, stieg um, ist umgestiegen　乗り換える

In Frankfurt müssen wir umsteigen.　フランクフルトで乗り換えないといけない。

umziehen, zieht um, zog um, ist umgezogen
（方向を示す語などと）引っ越す [B1]

Familie Bauer zieht nächsten Monat um.
バウアー一家は来月に引っ越す。

der Umzug, ⸚e　引っ越し [A2]

Wann ist der Umzug?　引っ越しはいつ？

187

un- 形容詞や名詞につける前綴り。基本語に「否定」や「反対」の意味を加える

unklar 不明瞭な　unmöglich 不可能な　ungewöhnlich 普通でない　など

unbedingt　絶対に（< bedingt「条件付きの、制限された」)

Er musste unbedingt mit ihr sprechen.
彼は絶対に彼女と話さなければならなかった。

der Unfall, ⸚e　事故

Sie hatte letzten Monat einen Unfall.　彼女は先月、事故に遭った。

die Universität, -en　大学

Meine Tochter studiert an der Universität Medizin.
私の娘は大学で医学を勉強している。

sich⁴ unterhalten, unterhält, unterhielt, hat unterhalten
楽しく会話をする、楽しく話をする

Haben Sie sich über das Tennisspiel unterhalten?
皆さんはテニスの試合について話したのですか?

die Unterhaltung, -en　楽しい会話　[B1]

Ich wünsche dir gute Unterhaltung.
楽しい会話ができるように祈っているよ。

die Unterkunft, ⸚e　宿泊(所)、宿

Wir suchen eine günstige Unterkunft in Kyoto.
私たちは京都で割安で泊まれるところを探してます。

unternehmen, unternimmt, unternahm, hat unternommen
(4格を)する、企てる

Wollen wir morgen Abend noch etwas unternehmen?
明日の夜、何かほかにもやってみましょうか?

der Unternehmer, - / **die Unternehmerin**, -nen　企業家、経営者　[B1]

Er ist erfolgreicher Unternehmer.　彼は成功した企業家だ。

unterscheiden, unterscheidet, unterschied, hat unterschieden
（4格を）区別する ［B1］

Sie sind sich sehr ähnlich. Auf dem Foto kann man Sie beide nicht unterscheiden.
あなたたちはとてもよく似ている。写真ではおふたりは区別ができませんね。

der Unterschied, -e　相違、区別

Was ist der Unterschied zwischen Laptop und Notebook?
ラップトップとノートPCの違いって何ですか？

unterschiedlich　異なった ［B1］

Ihr Bruder und sie sind sehr unterschiedlich. Er interessiert sich für Literatur, sie
sich für Medizin.
彼女とその兄はまったく異なっている。彼は文学に興味があるし、彼女は医学に興味がある。

untersuchen, untersucht, untersuchte, hat untersucht　診察する

Der Arzt hat meine alte Tante untersucht.
医師が私の老いた伯（叔）母を診察した。

die Untersuchung, -en　診察 ［B1］

Er hat morgen eine Untersuchung im Krankenhaus.
彼は明日、病院で診察を受ける。

unterwegs　外出中

Warte auf ihn. Er ist unterwegs und kommt gleich.
彼を待って。彼は外出中ですぐに来るよ。

189

der Vater, ¨ 父

Sein Vater ist Lehrer. 彼の父親は教員だ。

verboten （verboten sein で）禁じられている

In der Uni ist Rauchen verboten. 大学構内は禁煙です。

das Verbot, -e 禁止

Mein Bruder ist für das Verbot dieses neuen Videospiels.
私の兄はこの新しいゲームの禁止に賛成している。

verdienen, verdient, verdiente, hat verdient
（4格を報酬として）受け取る、稼ぐ

In diesem Beruf verdienst du nicht viel. 君はこの職業ではあまり多くは稼げない。

der Verein, -e 協会、クラブ

Es gibt viele Sportvereine in meiner Stadt.
私の町にはスポーツクラブがたくさんある。

verheiratet （verheiratet sein で）結婚している（⇔ geschieden, ledig）

Ihre Eltern sind seit 20 Jahren verheiratet. 彼女の両親は結婚して20年だ。

verkaufen, verkauft, verkaufte, hat verkauft （4格を）売る

Er will sein neues Auto verkaufen. 彼は自分の新車を売るつもりだ。

der Verkäufer, - / **die Verkäuferin**, -nen 店員

Die Verkäuferin ist unfreundlich. あの店員さんは不親切だ。

vermieten, vermietet, vermietete, hat vermietet ①（4格を）賃貸する、貸す

Mein Freund vermietet seine Wohnung. 僕の友人は自分の住居を賃貸する。

vermieten, vermietet, vermietete, hat vermietet
②（vermietet sein で）借りられている、借り主がいる

Ist die Wohnung schon vermietet? この住まいはもう借り手がついているの？

der Vermieter, - / die Vermieterin, -nen　家主

Mein Vermieter ist ein sehr netter, älterer Mann.
私の家主はとても親切な中年男性です。

verstehen, versteht, verstand, hat verstanden　（4格を）理解する

Er versteht dich kaum. Sprich bitte lauter.
彼は君の言うことがほとんどわかっていない。もっと大きな声で話して。

verwandt　親戚の、(mit 3格と)親戚関係にある

Peter ist mit Alex verwandt.　ペーターとアレックスは親戚関係なんだ。

der Verwandte, -n　親戚(verwandt の名詞化)

Peter besucht seine Verwandten in der Ukraine.
ペーターはウクライナにいる親戚を訪ねていく。

viel　副 多く、たくさん

Morgen regnet es viel.　明日はたくさん雨が降る。

vielleicht　ひょっとしたら

Fritz kommt vielleicht mit dem Bus.　フリッツはひょっとするとバスでやってくるかも。

von(3格支配の前置詞)　①(「対象からの離脱」が基本的な意味)…から(場所)

Der Zug kommt von Köln.　この列車はケルン発だ。

von(3格支配の前置詞)　②(「対象からの離脱」が基本的な意味)…の

Jana ist eine Freundin von mir.　ヤナは私の友人だ。

vor(3・4格支配の前置詞)
①(「対象の前面」が基本的な意味)(vor 3格で)…の前に(時間)

Ihr Termin war schon vor einer Stunde.
あなたの(診察)予約時間は1時間前でしたよ。(予約時間から1時間すぎてますよ)

vor(3・4格支配の前置詞)　②(「対象の前面」が基本的な意味)…の前に(場所)

Das Fahrrad steht vor der Tür.　自転車は扉の前に立ててある。

vor（3・4格支配の前置詞）　③(「対象の前面」が基本的な意味)(vor 4格で)…の前へ

Jeden Morgen stellt sie sich vor den Spiegel.
毎朝彼女は鏡の前に立つ。

der Vorname, -n　ファーストネーム、下の名前

Er heißt Bauer, sein Vorname ist Peter.
彼はバウアーという、彼の下の名前はペーターだ。

sich⁴ vorstellen, stellt vor, stellte vor, hat vorgestellt　自己紹介する

Ich möchte mich vorstellen: Mein Name ist Schneider. Ich bin Student.
自己紹介をします：私の名前はシュナイダーで、学生です。

die Vorwahl, -en　市外局番

Wie ist die Vorwahl von Berlin?　ベルリンの市外局番は何番だっけ？

レベルA2

ver-　①非分離前綴りとして基礎動詞に「消滅」「誤った方向へ」「閉鎖」「移動や除去」
「完了や結果」「反対」などの意味を加える

verbrauchen 消費する　verschlafen 寝過ごす　versperren ふさぐ
vertreiben 追放する　verändern 変更する　verkaufen 売る　など

ver-　②名詞や形容詞につけて、動詞を作る非分離前綴り：名詞や形容詞が示す状態
にすること・なることを意味する

verfilmen 映画にする　verkürzen 短くする　など

verabredet sein, ist verabredet, war verabredet, ist verabredet gewesen
(mit 3格に)会う約束をしている、待ち合わせをしている

Der Vater ist mit seiner Tochter verabredet.
あのお父さんは娘さんと会う約束をしているんだ。

die Veranstaltung, -en　催し、催事（< veranstalten「催す」)

Am Mittwoch ist mein Lokal geschlossen. Ich habe eine Veranstaltung.
水曜日には私の酒場は閉店している。催しがあるんだ。

verbieten, verbietet, verbot, hat verboten　（4格を）禁じる

Sie verbietet ihren Söhnen das Rauchen.
彼女は息子たちに喫煙を禁じる。

vereinbaren, vereinbart, vereinbarte, hat vereinbart
（4格を mit 3格と）取り決める

Sie haben einen Termin vereinbart.
彼らは約束の期日を取り決めた。

vergessen, vergisst, vergaß, hat vergessen　（4格を）忘れる

Sie hat ihren Arzttermin ganz vergessen.
彼女は医者の予約を完全に忘れていた。

vergleichen, vergleicht, verglich, hat verglichen
（4格を mit 3格と）比べる

Ich möchte die Angebote vergleichen.
私はこれらの特売品を比べたい。

der Verkehr(複数なし)　交通(量)

Abends ist hier nicht viel Verkehr.
晩の交通(量)はあまり多くない。

das Verkehrsmittel, -　交通機関

Ich fahre immer mit öffentlichen Verkehrsmitteln fahren.
私はいつも公共交通機関を使う。

der Verkehrsunfall, ⸚e　交通事故

Er hat den Verkehrsunfall der Polizei gemeldet.
彼はその交通事故を警察に知らせた。

sich⁴ verletzen, verletzt, verletzte, hat verletzt
①けがをする

Hast du dich an der Hand verletzt?
君は手をけがしたの？

sich³ verletzen, verletzt, verletzte, hat verletzt ②（4格に）けがをする

Du hast dir den Arm verletzt. 君は腕をけがしたんだね。

verletzt sein けがをしている

Bist du verletzt? けがをしているの？

die Verletzung, –en けが [B1]

Die Verletzung war so schlimm. けがはとてもひどかった。

sich⁴ verlieben, verliebt, verliebte, hat verliebt ①ほれる、夢中になる

Hast du dich verliebt? 君は（誰かに）恋したの？

verlieben, verliebt, verliebte, hat verliebt ②（in 4格 verliebt seinで）恋している、ほれこむ

Tonio ist in eine Japanerin verliebt. トニオが恋しているのは日本人女性なんだ。

verlieren, verliert, verlor, hat verloren ①（4格を）紛失する、失くす、失う

Er hat seinen Pass verloren. 彼はパスポートを失くした。

verlieren, verliert, verlor, hat verloren ②（試合など4格に）敗れる

Die deutsche Nationalmannschaft hat das erste Spiel bei der WM gegen Japan verloren. ドイツのナショナルチームはワールドカップの初戦で日本に負けた。

der Verlierer, – / **die Verliererin**, –nen 敗者（⇔ Sieger）[B1]

Er ist ein schlechter Verlierer. 彼は負けっぷりがよくない奴だ。

der Verlust, –e 失うこと、喪失、損失（⇔ Gewinn）[B1]

Der Verlust seiner Tasche ärgert ihn sehr.
鞄を失くしたことが彼にはとても腹立たしいのだ。

verpassen, verpasst, verpasste, hat verpasst （4格を）逃す

Sie hat den Zug verpasst. 彼は電車を逃した。

verreisen, verreist, verreiste, ist verreist 旅行に出る

Herr Dr. Bauer ist zurzeit verreist. バウアー博士は今、旅行中だ。

verschieben, verschiebt, verschob, hat verschoben （4格を）延期する

Sollen wir den Termin verschieben?　約束の期日は延期した方がいいですか？

verschieden ①異なった

Ihre beiden Kinder sind sehr verschieden.　彼らの２人の子どもはまったく違っている。

verschieden ②さまざまな

Wir haben diesen Rock in verschiedenen Farben.
このスカートならさまざまな色のご用意がありますよ。

die Verspätung, -en　遅延

Mein Bus hatte 5 Minuten Verspätung.　私のバスは５分遅れた。

versuchen, versucht, versuchte, hat versucht　①(4格を)試してみる

Du kannst es noch einmal versuchen.
もう一回試してもいいんだよ。

versuchen, versucht, versuchte, hat versucht
②(es mit 3格を)使ってみる　[B1]

Hast du es schon mal mit diesem Medikament versucht?　この薬は試してみた？

versuchen, versucht, versuchte, hat versucht
③(zu不定詞句を)試みる

Ich habe immer wieder versucht, mit ihr zu telefonieren.
私は何度も、彼女と電話で話せないか試みた。

der Vertrag, ⸚e　契約(書)

Er hat den Vertrag unterschrieben.　彼は契約書にサインした。

viel　形 多くの、たくさんの

Im Sommer fahren viele Leute ans Meer.　夏には多くの人が海に行く。

vielleicht　(強い期待を示す)…してくれますよね、…していただけませんか

Können Sie mich vielleicht abholen?　迎えに来ていただけませんか？

der Vogel, ̈ 鳥、小鳥

Emil mag Vögel. エーミールは鳥が好きだ。

Abends singen die Vögel sehr leise. 夕方、鳥たちはかすかな声で鳴く。

voll ①いっぱいの

Die Flasche war noch ganz voll.

ボトルにはまだたっぷり入っていた。

voll ②満員の

Abends sind die Büsse immer sehr voll. 夕方のバスはいつも満員だ。

die Vollzeit フルタイム [B1]

Meine Mutter möchte gerne Vollzeit arbeiten.

私の母はフルタイムで働きたい。

der Volleyball, ̈ e （無冠詞単数で）バレーボール

Im Sommer spielt er gern Volleyball.

夏には彼は好んでバレーボールをする。

vorbei- 分離前綴りとして「通過」などの意味を基本動詞に加える

vorbeigehen 通り過ぎる vorbeifahren 乗り物で通り過ぎる

vorbeikommen 立ち寄る など

vorbei ①副 (an 3格の傍らを)通り過ぎて

Wir sind schon an Salzburg vorbei.

我々(の乗った列車)はもうザルツブルクを通過した。

vorbei ②(bei 3格のところに)立ち寄って

Sie muss noch bei meinem Onkel vorbei.

彼女はこれから僕の伯(叔)父のところに立ち寄らないといけないんだ。

vorbei ③通り過ぎる、終わる、おしまいだ [B1]

Keine Sorge! Die Schmerzen sind gleich vorbei.

心配しないで！ もう痛くなくなるよ。

vorbereiten, bereitet vor, bereitete vor, hat vorbereitet
① (4 格を) 準備する

Am Samstag macht ihr ein kleines Fest. Müsst ihr noch viel dafür vorbereiten?
土曜に君らはちょっとしたお祭りをやるんだね。そのための準備をまたたくさんしないといけないのかな？

sich⁴ vorbereiten, bereitet vor, bereitete vor, hat vorbereitet
② (auf / für 4 格への) 心構えをする、(4 格への) 準備をする

Mein Sohn muss sich auf seine Prüfung vorbereiten.
息子は試験の準備をしないといけない。

vorgestern　一昨日

Hat sie dich gestern angerufen?　彼女は君に一昨日、電話したの？

vorher　その前に (⇔ nachher)

Wir kommen mit ins Café. Vorher müssen wir aber noch zur Bank.
私たちもカフェに一緒に行きます。でもその前に銀行に行っておかないと。

vorn / vorne　前方に (⇔ hinten)

Er ist vorn beim Fahrer eingestiegen.　彼は運転手のいる前方ドアから乗った。
Wir möchten vorne sitzen.　私たちは前の方に座りたい。

der Vorschlag, ⸚e　提案

Wir machen dir einen Vorschlag: Du hilfst uns beim Japanischlernen, und wir laden dich zum Essen ein.　提案があるんだ：君が私たちの日本語の勉強を手伝ってくれて、それから私たちが君にご飯をごちそうするよ。

die Vorsicht (複数なし)　用心、注意 (呼びかけ、注意書きで)

Vorsicht, Stufe!　気をつけて、段差があります！

vorsichtig　用心深い

Du fährst immer vorsichtig.　君はいつも慎重に運転する。

vorwärts　前方へ (⇔ rückwärts)

Ich fahre meinen Wagen noch ein Stück vorwärts.　車をもう少し前の方に動かすよ。

die Wand, ⸚e 壁 [B1]

Das Bild hängt an der Wand.　その絵は壁に掛かっている。
Sei still! Die Wände sind hier sehr dünn.　静かに！　ここの壁はとっても薄いんだよ。

wandern, wandert, wanderte, ist gewandert　ハイキングする

Ich gehe oft wandern.　私はよくハイキングに行く。

die Wanderung, -en　ハイキング [B1]

Wollen wir in den Ferien eine Wanderung machen?　休みにはハイキングでもしない？

wann　いつ

Wann kommt dein Bruder?　お兄さんはいつ来るの？

warten, wartet, wartete, hat gewartet　①待つ

Kannst du ein paar Minuten warten?　2、3分、待ってくれない？

warten, wartet, wartete, hat gewartet　②(auf 4格を)待つ

Sie wartet über eine halbe Stunde auf den Bus.　彼女は30分以上もバスを待っている。

warum　なぜ

Warum besuchen Sie uns nicht?　どうして私たちの所に来てくれないのですか？

was　何が、何を

Was ist das? — Keine Ahnung.　これって何？　ーわからない。
Was möchtest du?　何がほしい？

was für ein-　どんな種類の

Mein Mann will sich ein Fahrrad kaufen. — Was denn für eins?
私の夫は自転車を買うつもりだ。ーいったいどんな種類の？

sich³ waschen, wäscht, wusch, hat gewaschen
①(身体部位の4格を)洗う

Hier kannst du dir die Hände waschen.　ここで手を洗えるよ。

waschen, wäscht, wusch, hat gewaschen　②(4格を)洗う

Der Junge muss sein Auto waschen.　あの男の子は自分の車を洗わないといけない。

das Waschmittel, -　洗剤［B1］

Dieses Kleid darf man nicht mit jedem Waschmittel waschen.
このワンピースは洗剤で洗ってはいけない。

das Wasser　水

Möchtest du ein Glas Wasser?　水が一杯ほしいかな？

weh tun, tut weh, tat weh, hat wehgetan　(身体部位などが)痛む

Tut dein Bauch weh?　おなかが痛いの？

weiblich　女性の(⇔ männlich)

Du kreuzt „weiblich" an.　君は「女性」の欄にチェックを入れるんだよ。

der Wein, -e　(通例、単数で)ワイン

Seine Frau trinkt Wein sehr gern.　彼の妻はワインが大好きです。

wenig / wenige　①少しの

Du isst so wenig.　君はほんの少ししか食べないんだね。

wenig / wenige　②わずかな

Mein Bruder schläft nur wenig.　私の弟はほんの少ししか寝ない。

wer　誰が

Wer ist das? Kennen Sie den Mann?
あれは誰だろう？　あの男の人を知っていますか？

werden, wird, wurde, ist geworden　…になる［A2］

Es wird heiß.
暑くなるよ。
Meine Tochter möchte Lehrerin werden.
私の娘は教師になりたいのです。

das Wetter　天気

Das Wetter soll schlecht werden.　天気は悪くなるそうだ。

wichtig　重要な

Der Test ist sehr wichtig für ihn.　テストは彼にとってとても重要だ。
Morgen hat sie einen wichtigen Termin.　明日、彼女は重要な約束（予約）がある。

wie　①どのように

Wie heißen Sie?　あなたのお名前は何ですか？

wie　②どれほど

Wie lange sind Sie schon in Deutschland?
あなたはもうどれくらいドイツにいるのですか？

wie　③(so ... wie ～ で)～と同じくらい…な

Mein Bruder ist so groß wie ich.　私の兄は私と同じくらいの身長だ。

wie　④(Wie bitte? で)何とおっしゃいましたか？(相手に聞き返す場合の決まり文句、Bitte? とも)

Wie bitte? Noch einmal bitte.　何とおっしゃいましたか？　もう一度お願いします。

wie viel(e)　どれくらい多くの

Wie viel Geld hast du dabei?　君の持ち合わせはどのくらいなの？

wiederholen, wiederholt, wiederholte, hat wiederholt
(4格を)繰り返す、復唱する

Ich wiederhole: Die Nummer ist 5137.　繰り返します：番号は5137です。

das Wiederhören　(Auf Wiederhören で)(電話で)さようなら

Müssen wir jetzt Schluss machen? Also auf Wiederhören!
もう電話を切らないといけないかな？　それじゃあ、さようなら。

das Wiedersehen　(Auf Wiedersehen で)さようなら(Auf Wiederschauen とも)

Auf Wiedersehen! Bis bald!　さようなら！　またね！

willkommen 形歓迎されている、喜んで迎えられている、ようこそ

Herzlich willkommen in Heidelberg.
ハイデルベルクへようこそおいでくださいました。

der Wind, -e 風

Der Wind kommt heute aus Osten.　今日の風は東から吹いてきている。

windig 風の強い [A2]

Gestern war es sehr windig.　昨日はとても風が強かった。

wir （1人称複数の人称代名詞1格)私たちは

Wir arbeiten auch heute.　私たちは今日も働く。

wissen, weiß, wusste, hat gewusst　知っている

Wie heißt der junge Lehrer?　— Ich weiß nicht.
あの若い先生、なんていう名前か知っている？　—僕は知らないよ。

wo　どこ

Wo warst du im Urlaub?　休暇中はどこにいたの(行ったの)？
Wo wohnst du?　君はどこに住んでいるの？
Herr Meyer, wo sind Sie geboren？　マイアーさん、お生まれはどちらですか？

woher　どこから

Woher kommen Sie?　あなたはどこ出身ですか？

wohin　どこへ

Wohin fährt dieser Zug?　この列車はどこへ向かってますか？

wohnen, wohnt, wohnte, hat gewohnt　住んでいる

Er wohnt in Würzburg.　彼はヴュルツブルクに住んでいる。

der Wohnort, -e 居住地

Tragen Sie bitte Ihren Wohnort ein.
ここに居住地を記入してください。

die Wohnung, -en　住まい、アパート

Ich suche eine Wohnung in der Stadtmitte.
街なかの住まいを探しています。

das Wohnzimmer, -　居間、リビングルーム　[A2]

Er sitzt im Wohnzimmer und sieht fern.
彼は居間に座ってテレビを見ている。

wollen, will, wollte, hat gewollt（本動詞として使われた場合）/ wollen（助動詞の場合）
①するつもりだ

Julia will Ärztin werden.　ユーリアは医者になるつもりだ。

wollen, will, wollte, hat gewollt（本動詞として使われた場合）/ wollen（助動詞の場合）
②したい

Willst du einen Tee trinken?　紅茶飲みたい？

das Wort, ⸚er　①（個々の）語、単語

Sie kennt das Wort nicht.　彼女はその単語を知らなかった。

das Wort, ⸚er　②（das Wörterbuch で）辞書、辞典

Hast du ein deutsch-japanisches Wörterbuch?
独和辞書持ってる？

das Wort, -e　文言、文句、表現　[B1]

Die Studentin hat mit wenigen Worten viel gesagt.
その学生はわずかな言葉で多くを語った。

wunderbar　素晴らしい

Dieser Kuchen schmeckt wunderbar.　このケーキは素晴らしくおいしい。

レベルA2

wach　目が覚めている

Ist deine Tochter schon lange wach?　娘さんはもうずっと起きているの？

der Wagen, - ①車、自動車

Wo steht dein Wagen?　君の車はどこにあるの？

der Wagen, - ②（列車の）車両

Im dritten Wagen ist unser Zugrestaurant.　（列車の）食堂は3両目にございます。

wählen, wählt, wählte, hat gewählt　①（電話で番号を）ダイヤルする

Wählen Sie bitte erst eine Null.
まず最初にゼロをダイヤル（プッシュ）してください。

wählen, wählt, wählte, hat gewählt　②（4格を／目的語なしでも）選ぶ

Bitte wählen Sie ein Getränk.　お飲み物をお選びください。

wahr　真実の

Das war nicht wahr.　それは本当ではなかった。

die Wahrheit, –en　真実　[B1]

Sagen Sie mir bitte die Wahrheit. Hat mein Sohn wieder geraucht?
本当のことを言ってください。私の息子はまたタバコを吸ったのですか？

wahrscheinlich　ありそうな、本当らしい、たぶん

Wahrscheinlich macht er im Frühling einen Japanischkurs.
たぶん彼は春に日本語コースを受講する。

der Wald, ⸚er　森

Sie geht gern im Wald spazieren.
彼女は森の中を散歩するのが好きだ。

warm　①（非人称主語esと）暖かい（⇔kalt）

Heute ist es nicht warm.　今日は暖かくない。

warm　②温かい

Mittags essen sie oft warm.
昼食には彼らはしばしば温かい食事（火を使った食事）をとる。

warm ③暖かな、保温力のある

Für den Winter brauchen die Kinder einen warmen Pullover.
冬用にこの子たちは暖かいセーターが必要だ。

die Wärme　暖かさ、温かさ、熱(⇔ Kälte) [B1]

Wärme ist nicht gut gegen deine Schmerzen.　暖めるのは君の痛みにはよくない。

die Wäsche　①洗濯

Morgen haben wir Wäsche.　明日は洗濯するぞ。

die Wäsche　②洗濯物、(下着を含め頻繁に洗う必要のある)布製品全般

Wir müssen noch Wäsche waschen.　私たちはこれからいろいろと洗濯しないといけない。

die Webseite, -n　ウェブサイト

Es gibt viele Webseiten mit Hörübungen.
聞き取り練習ができるウェブサイトはたくさんある。

wechseln, wechselt, wechselte, hat gewechselt　①両替する

Können Sie 100 Euro in Kleingeld /in Yen wechseln?
100ユーロを小銭/円に両替してくれない?

wechseln, wechselt, wechselte, hat gewechselt　②とりかえる

Ich muss den Reifen wechseln.　私はタイヤを替えねばならない。

wecken, weckt, weckte, hat geweckt　(4格を)起こす、(4格の)目を覚まさせる

Kannst du mich morgen früh um sieben wecken?
明日の朝7時に起こしてくれない?

der Wecker, -　目覚まし時計 [B1]

Mein Mann hat den Wecker gestellt.　夫が目覚まし時計をセットした。

weg-　分離の前綴りとして「離脱」「除去」などの意味を基本動詞に加える

weggehen 立ち去る　wegsehen 目をそらす　wegnehmen 取り去る
wegwerfen 投げ捨てる　など

weg （weg sein で）なくなっている、消えている

Mein Geldbeutel ist weg!　財布がなくなった！

der Weg, -e　道

Dieser Weg ist sehr eng.　この道はとても狭い。
Kannst du mir den Weg zum Bahnhof beschreiben?　駅までの道を教えてくれる？

wegen（2格支配の前置詞）　①（2格の）ために、（2格が）理由（原因）で

Wegen des dichten Nebels konnte unser Bus nicht fahren.
濃霧のため私たちのバスは動けなかった。

wegen（2格支配の前置詞）　②（2格の）ためを思って、（2格に）関して

Er ruft wegen seiner Tochter an.　彼は娘のためを思って電話をかけている。

weinen, weint, weinte, hat geweint　泣く

Bitte weine nicht. Du bekommst eine Schokolade.
泣かないで。チョコレートがあるよ。

weit　遠い（⇔ nahe）

Die Stadt ist weit von hier.　その街はここからは遠い。

weiter-　分離の前綴りとして、「さらに先へ」「…し続ける」などの意味を基礎動詞に加える

weitergehen 先に進む　weiterarbeiten 働き続ける　など

weiter　さらに、続けて

Der Zug fährt nicht weiter.　この列車は当駅停まりです。

welcher（定冠詞型の語尾をつける）　どの

Welcher Wochentag ist heute?　— Mittwoch.
今日は何曜日？　—水曜日だよ。

die Welt　世界

Es gibt viele weitere Probleme auf der Welt.　世界にはさらに多くの問題がある。

wenigstens 少なくとも（⇔ höchstens）

Wir haben keinen Hunger. — Ach, esst wenigstens ein Stück Kuchen.
僕たちはおなかがすいていないよ。一ああ、ケーキひとつくらいは食べなさいよ。

wenn（定動詞後置の接続詞） もし…ならば

Wenn wir nicht arbeiten müssen, kommen wir auch.
仕事をしなくていいなら、私たちも行きますよ。

die Werkstatt, ⸚en 工房、修理工場

Ihr Wagen ist zurzeit in der Werkstatt. 彼女の車は今、修理工場にある。

der Wettbewerb, -e コンクール

Mein Sohn hat an einem Wettbewerb teilgenommen. 私の息子はあるコンクールに参加した。

wieder- 分離の前綴りとして、「反復」「復元」などの意味を基礎動詞に加える

wiedersehen 再会する wiederholen 取り戻す など

wieder ①再び

Lutz fährt wieder in die Schweiz. ルッツはまたスイスへ行く。

wieder ②元通りに

Mein Großvatter war krank. Jetzt ist er aber wieder gesund.
私の祖父は病気だった。今は元通りに健康だ。

wieder ③再び（反復）、（schon wieder で）またもや

Mein Chef kommt schon wieder zu spät. 私の上司はまた遅刻だ。

wirklich 本当に

Sie glauben uns nicht? Es ist aber wirklich so.
あなたは私たちを信じていないのですか？ でも本当にそうなんですよ。

der Witz, -e ジョーク、小話

Die Kinder haben Witze erzählt und viel gelacht.
子供たちは洒落を言っては笑いこけていた。

witzig　機知に富んだ、滑稽な

Warum lacht ihr? Ich finde das gar nicht witzig.
君たち、なんで笑っているの？　面白いとはまったく思えないけどなあ。

die Wolke, -n　雲

Es waren viele Wolken am Himmel.
空にはたくさんの雲があった。

bewölkt　曇った

Gestern war es stark bewölkt.　昨日はとても曇っていた。

der Workshop, -s　ワークショップ

Das war ein schlechter Workshop. Ich habe gar nicht viel gelernt.
ひどいワークショップだった。学べるものがあまりなかった。

wünschen, wünscht, wünschte, hat gewünscht　①（3格に4格を）願う、祈る

Ich wünsche dir viel Erfolg.　君に多くの成果を祈っています。(＝がんばってね。)

sich³ wünschen, wünscht, wünschte, hat gewünscht
②（4格を）ほしいと思う、望む、欲する

Was wünschst du dir zum Geburtstag?
君は誕生日に何がほしいのかな？

der Wunsch, ¨e　①願望

Haben Sie sonst noch einen Wunsch?
（店舗などで）他に何かご入り用の物はございませんか？

der Wunsch, ¨e　②（通例、複数で）お祝いの言葉、お祝いの気持ち

Mit den besten Wünschen für dich und deine Frau.
君と奥さんのご多幸を祈りつつ。(手紙の結びなどで)

die Wurst, ¨e　ソーセージ

Ich nehme eine Wurst mit Pommes Frites.
私はフライドポテト添えのソーセージにします。

【Z】

zahlen, zahlt, zahlte, hat gezahlt　（金を）払う

Herr Ober! Zahlen bitte!　ボーイさん！　支払いをお願いします！

die Zeit, -en（通例、単数で）　時間、暇

Sie hat heute keine Zeit.　彼女は今日、時間がない。

zurzeit　現在、目下のところ

Zurzeit haben wir sehr viel zu tun.　今のところ私たちはとても忙しい。

die Zeitung, -en　新聞

Mein Vater liest oft Zeitung.　父はよく新聞を読む。

die Zigarette, -n　たばこ

Wie viele Zigaretten raucht dein Freund am Tag?
あなたの友達は1日にどのくらいたばこを吸うの？

das Zimmer, -　部屋

Dein Zimmer ist sehr groß.　君の部屋はとっても広いんだ。

der Zoll, ¨e　関税、税関（複数なし）

Du musst jetzt noch durch den Zoll.
君はこれから税関を通らないといけない。

zu（3格支配の前置詞）　①（基本的な意味は「目標」）…に、…へ

Sie bringt mich zum Bahnhof.　彼女が私を駅に連れて行く。

zu（3格支配の前置詞）　②（基本的な意味は「目標」）（zu Hause sein で）在宅している

Wann bist du zu Hause?
いつ家にいる？

zu（3格支配の前置詞）　③（基本的な意味は「目標」）（zu Fuß gehen で）歩きで行く

Mein Bruder geht zu Fuß.
兄（弟）は歩きで行く。

zufrieden （mit 3格 zufrieden sein で）(3格に)満足している

Sie ist mit der Wohnung zufrieden. Sie ist klein, aber gemütlich.
彼女は住まいに満足している。小さいが感じがいいのだ。

der Zug, ⸚e 列車

Mein Kind fährt gern mit dem Zug.　私の子供は電車に乗るのが好きだ。

zurück ①戻りの

Bitte eine Fahrkarte nach Berlin und zurück!
ベルリンまで、行きと帰りの切符をください！

zurück ②(zurückkommen で)戻ってくる、返ってくる

Wann kommt deine Mutter zurück?
いつお母さんは戻ってくるの？

zusammen ①副一緒に

Sie haben als Kinder oft zusammen gespielt.
彼らは子供の頃よく一緒に遊んだ。

zusammen ②全部で、ひっくるめて

Das macht zusammen 20 Euro 70.　全部で20ユーロ70セントです。

die Zwiebel, -n 玉ねぎ [B1]

Seine Tochter isst sehr gern Zwiebeln.　彼の娘は玉ねぎが大好きです。

zwischen(3・4格支配の前置詞) ①(「対象のあいだ」「中間」が基本的な意味)(空間)
(zwischen 3格 und 3格で)(3格と3格の)間に

Würzburg liegt zwischen Frankfurt und Nürnberg.
ヴュルツブルクはフランクフルトとニュルンベルクの間にある。

zwischen(3・4格支配の前置詞) ②(「対象のあいだ」「中間」が基本的な意味)(時間)
(zwischen 3格 und 3格で)(3格と3格の)間に

Zwischen 17 und 20 Uhr ist mein Mann zu Hause.
17時から20時まで夫は家に居ります。

zwischen（3・4格支配の前置詞）　③（「対象のあいだ」「中間」が基本的な意味）（空間）
(zwischen 4格(und 4格))（4格の）間へ　[A2]

Den Schrank stellen wir zwischen die beiden Regale.
クローゼットはこの2つの棚の間に置く。

レベルA2

die Zahl, -en　（抽象的な）数、数、数字

Kannst du die Zahl bitte wiederholen?　その数、もう一度言ってくれない？

der Zahn, ⸚e　歯

Der Zahn tut mir seit vorgestern weh.　一昨日からこの歯が痛むんです。

zeichnen, zeichnet, zeichnete, hat gezeichnet
（4格を）線描する、スケッチする、（目的語なしで）描く

Ihr Sohn kann sehr gut zeichnen.　彼女の息子は絵がとてもうまい。

die Zeichnung, -en　スケッチ　[B1]

Das ist auch eine gute Zeichnung.　これもいいデッサンだ。

zeigen, zeigt, zeigte, hat gezeigt　①見せる

Mein Kind hat mir seine Hausaufgaben gezeigt.
子供が私に宿題を見せた。

zeigen, zeigt, zeigte, hat gezeigt　②指し示す、教える

Die Post ist nicht weit entfernt. Ich zeige dir den Weg.
郵便局はそれほど遠くないよ。君に道を教えてあげるね。

die Zeitschrift, -en　雑誌

Diese Zeitschrift kauft sie jede Woche.　彼女はその雑誌を毎週買っている。

das Zelt, -e　テント

Im Sommer schlafen Kinder gern im Zelt.
夏になると子供たちの楽しみははテントで寝ることだ。

das Zentrum, Zentren　①中心地（部）、中心街

Im Zentrum gibt es viele Geschäfte.
中心部にはたくさんの店がある。

das Zentrum, Zentren　②（ショッピング・）センター

Es gibt ein neues Zentrum mit vielen Restaurants.
たくさんのレストランが入った新しいショッピング・センターがある。

zer–　非分離前綴りとして基礎動詞に「分裂」「破壊」などの意味を加える

zerreißen 引き裂く　zerstören 破壊する　など

der Zettel, –　紙切れ、メモ用紙

Ich habe einen Zettel für dich. Du kannst etwas notieren.
メモ用紙なら持ってるよ。これで何かメモできるでしょ。

das Zeugnis, –se　（成績）証明書、証書

Wenn er die Prüfung schafft, bekommt er ein Zeugnis.
試験に受かったら、彼は証明書がもらえる。

ziehen, zieht, zog, hat gezogen　①（4格を）引く、（目的語なしで）引っ張る

Du musst ziehen, nicht drücken.
押すんじゃなくて、引かないといけない。

ziehen, zieht, zog, hat gezogen　②（非人称主語es と）風が吹き込む　[B1]

Mach bitte das Fenster zu, es zieht.
窓を閉めてよ、風が入ってくるから。

ziehen, zieht, zog, ist gezogen　引っ越す（=ausziehen）

Meine Nachbarn sind vor zwei Wochen nach Berlin (aus)gezogen.
隣人は2週間前にベルリンに引っ越した。

das Ziel, –e　目標

Mein Kind will die Prüfung unbedingt schaffen. Das ist sein Ziel.
私の子供はどうしても試験に合格したい。それがあの子の目標なんです。

der Zirkus, -se　サーカス

Heute geht meine Frau mit den Kindern in den Zirkus.　今日、私の妻は子供たちとサーカスに行く。

die Zitrone, -n　レモン

Ich hätte gern einen Tee mit Zitrone.　レモンティーを1杯お願いします。

der Zoo, -s　動物園（＝Zoologischer Garten）

Am Samstag geht die Familie in den Zoo.　あの一家は土曜に動物園に行く。

zu–　分離前綴りとして基礎動詞に「閉じる」「…に向かって」「付与する」「追加」などの意味を加える

zumachen 閉じる　zulächeln 微笑みかける
zuerkennen 与える　zukaufen 買い足す　など

zu　①副　あまりに…すぎる

Der Rock ist mir zu teuer.　このスカートは私にとって高価すぎる。

zu　②（3格支配の前置詞）…の時に

Er trinkt zum Essen einen Wein.　彼は食事の際にワインを飲む。

der Zucker, -　（通例、単数で）砂糖

Trinken Sie immer Kaffee ohne Zucker?
コーヒーはいつも砂糖ぬき（なし）で召し上がるんですか？

zuerst　①（zuerst ..., dann ... で）まず最初に…、それから…（⇔ zuletzt）

Zuerst musst du die Hausaufgaben machen, dann kannst du spielen.
まず宿題、それから遊びましょうね。

zuerst　②始めのうちは

Zuerst hat ihm die Arbeit gar nicht gefallen. Jetzt geht es besser.
最初のころは、彼は仕事が気に入らなかった。今はましになっている。

zuhören, hört zu, hörte zu, hat zugehört　（3格に）耳を傾ける

Hört ihr doch mal zu!　まあ彼女の言い分を聞いてみましょう！

zuletzt ①最後に (⇔ zuerst)

Diese Aufgabe mache ich zuletzt.
この課題は最後にやるんだ。

zuletzt ②この前、最後に (⇔ zuerst)

Sie haben sich vor fünf Jahren zuletzt gesehen.
彼らが最後に会ったのは5年前だ。

zumachen, macht zu, machte zu, hat zugemacht （4格を）閉める

Mach bitte das Fenster zu!
窓を閉めて！

zum Beispiel 例えば

Meine Freundin hat viele Hobbys, zum Beispiel Schwimmen, Lesen und Surfen.
私の友達にはたくさん趣味がある、例えば水泳、読書、それからサーフィン。

zurück- 分離前綴りとして基礎動詞に「元あった場所へ」「後ろに向かって」「過去にさかのぼって」「お返しに」などの意味を加える

zurückfahren (乗り物で)戻る　zurücktreten 後ろに下がる　zurückdenken 回想する
zurückschlagen 打ち返す　など

zurück 副 後ろへ、戻って、取り残されて

Bitte einen Schritt zurück!
1歩下がってください！

zusammen-
分離前綴りとして基礎動詞に「いっしょに」「合わせて」「崩壊して」「圧縮して」などの意味を加える

zusammenleben 一緒に暮らす　zusammenkommen 集合する
zusammenfallen 崩落する　zusammenfassen 要約する　など

zusammen まとめて

Zusammen oder getrennt? — Zusammen, bitte.
お支払いはご一緒ですか？　それともおひとりずつですか？　ーまとめてお願いします。

✓イメージでつかむドイツ語の前置詞（抄）

　イラストにある欠印付き実線は対象物の具体的な動きを示します。他方、矢印のある破線は、吹き出しの中の言葉を発する人間（発話者）の視線の動きを示します。以下のイラストでは、おもにこの破線、発話者の視線の動きに注意してください。

01 　in と aus は対

aus ／ in

aus ｜ in

in は箱の中に入れるにせよ、入ったままにせよ、あくまで対象物は箱の「内部」にあります。対する aus は「内部から外部へ」を示します。バナナは箱の中から外へとりだされていて、発話者の視線はこの動きを追います。

02 　in + 3 格
「バナナは箱の中にある／置かれている」

バナナは箱の内部にあり、視線は箱の内部にとどまります。

Die Bananen liegen im (in dem) Kasten.

03 　in + 4 格
「彼女はバナナを箱の中に置きます」

Sie legt die Bananen in den Kasten.

彼女の手がバナナを箱の中へ運び入れ、発話者はこのバナナの移動を追っています。

04 beiのイメージ

bei

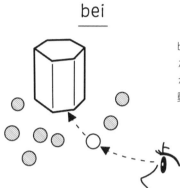

beiの原義が「現存するものの周辺」だとすれば、発話者の視線は周辺の〇からより大きな「現存するもの」へと動いていきます。

05 bei
「兄はジーメンス社で働いています」

発話者の視線は周辺にいる「兄（弟）」から「現存するもの」＝Siemens社へと動いていきます。

Mein Bruder arbeitet bei Siemens.

vonのイメージ

von

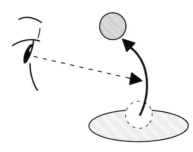

vonの原義が「あるものからの離脱、分離」だとすれば、大きな円（斜線部）の一部がそこから離脱していき、発話者の視線はこの離脱や分離のプロセスを追っています。

von
「この列車はケルン駅（発）です」

列車は停車していたケルン駅を「離脱」し、発話者の方へ向かってきています。この離脱のプロセスを発話者は追っています。

Der Zug kommt
von Köln.

KÖLN

08 umのイメージ

um

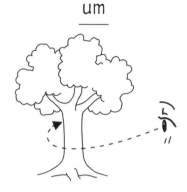

umの原義が運動や静止の中心だとすれば、発話者の視線はその中心の周囲を弧を描いて動くことになります。

09 um
「薬局はその角を曲がってすぐです」

発話者の視線は「角」を中心にして弧を描きます。

Die Apotheke ist gleich um die Ecke.

10 überのイメージ

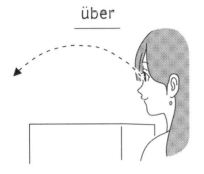

über

原義は「上方」ですが、発話者の視線は上方に向かって伸びていき、対象物近くに落ち着きます。

11 über + 3格
「絵はベッドの上に掛かっています」

発話者の視線はベッドを越えてその上方に向かって伸びていき、絵の近くに落ち着きます。

12 über + 4格
「子供たちは道路の向こうへ行きます＝横断しています」

発話者の視線は、子供たちを越えてその上方へ伸びていき、道路の向こう側(子供たちの向かう先)に落ち着きます。

著者紹介

三ッ木道夫（みつぎ みちお）
　上智大学大学院修士課程修了。広島大学助手を経て同志社大学に
勤務。現在、同大学名誉教授。博士（比較社会文化）（九州大学）
主な著訳書
『思想としての翻訳』（編訳、2008 年　白水社）、『翻訳の思想史』
（2011 年　晃洋書房）など

中野英莉子（なかの えりこ）
　京都大学大学院博士後期課程研究指導認定退学。現在、岡山大学
講師。専門はドイツ語学。会話分析など。博士（人間・環境学）（京
都大学）

ドイツ語 A1/A2 単語集

2023 年 3 月 15 日　印刷
2023 年 4 月 10 日　発行

著　者©　　三ッ木　道夫
　　　　　　中野　英莉子
発行者　　岩　堀　雅　己
印刷所　　開成印刷株式会社

101-0052 東京都千代田区神田小川町 3 の 24
電話 03-3291-7811（営業部），7821（編集部）
www.hakusuisha.co.jp
発行所　　　　　　　　　　　　　　株式会社　白水社
乱丁・落丁本は送料小社負担にてお取り替えいたします。

振替 00190-5-33228　　Printed in Japan　　加瀬製本

ISBN 978-4-560-08963-7

スタート！ ドイツ語 A1
（CD付）

岡村りら, 矢羽々崇, 山本淳, 渡部重美, アンゲリカ・ヴェルナー 著

自己紹介ができる．買い物や仕事，身近なことについて簡単な会話ができる．全世界共通の語学力評価基準にのっとったドイツ語入門書．

【2色刷】A5判　181頁

スタート！ ドイツ語 A2

岡村りら, 矢羽々崇, 山本淳, 渡部重美, アンゲリカ・ヴェルナー 著

短い簡単な表現で身近なことを伝えられる．話す・書く・聞く・読む・文法の全技能対応．全世界共通の新基準．音声無料ダウンロード．

【2色刷】A5判　190頁

スタート！ ドイツ語 B1

岡村りら, 矢羽々崇, 山本淳, 渡部重美, アンゲリカ・ヴェルナー 著

身近なテーマや自分の興味について簡潔な表現で伝えたい．話す・書く・聞く・読む・文法力を鍛える．中級へ．音声無料ダウンロード．

【2色刷】A5判　142頁